Kirche – Volk – Staat – Nation

Church – People – State – Nation

Leuenberger Texte / Leuenberg Documents

Nr. 7

Im Auftrag des Rates der
Gemeinschaft Evangelischer Kirchen in Europa

Mandated by the Council of the
Community of Protestant Churches in Europe

Herausgegeben von / edited by Mario Fischer

Kirche – Volk – Staat – Nation

Ein protestantischer Beitrag zu einem schwierigen Verhältnis

Beratungsergebnis der Regionalgruppe
Süd- und Südosteuropa der
Leuenberger Kirchengemeinschaft

Church – People – State – Nation

A Protestant Contribution on a Difficult Relationship

Report of the Discussions in the South and
Southeast Europe Regional Group
of the Leuenberg Church Fellowship

Herausgegeben von / Edited by
Mario Fischer & Martin Friedrich

EVANGELISCHE VERLAGSANSTALT
Leipzig

Bibliographische Information der Deutschen Nationalbibliothek
Die Deutsche Nationalbibliothek verzeichnet diese Publikation in der Deutschen Nationalbibliographie; detaillierte bibliographische Daten sind im Internet über http://dnb.dnb.de abrufbar.

Das Buch wurde auf alterungsbeständigem Papier gedruckt.

Cover: Kai-Michael Gutsmann, Leipzig
Coverbild: © Adél Dávid
Satz: Steffi Glauche, Leipzig
Druck und Binden: Hubert & Co., Göttingen

ISBN 978-3-374-06020-7
www.eva-leipzig.de

Inhalt/Content

Anhang

Appendices

Vorwort (zur zweiten Auflage)

Europa befindet sich im Wandel. Galt jahrelang der europäische Einigungsprozess fast unhinterfragt als eine notwendige Entwicklung, auf welche sich alle europäischen Staaten einzulassen haben, wollen sie für ihre Bewohnerinnen und Bewohner Wohlstand, Sicherheit, Gleichheit vor dem Gesetz und vielfältige Freiheiten gewährleisten, so sind in den vergangenen Jahren auch grundsätzliche Anfragen an den Sinn und die Notwendigkeit der Europäischen Union gestellt worden. Die Anfragen kommen sowohl von Seiten nationalistischer Populisten, die die Identität und Entfaltung ihres Volkes innerhalb des politischen Systems der EU gefährdet sehen, als auch von Seiten radikaler Wirtschaftskritiker, die in der EU lediglich ein alles dominierendes Wirtschaftssystem erkennen wollen.

Solche Fundamentalkritik am europäischen Einigungsprozess geht mit einer Entsolidarisierung einher. Sie zeigte sich in der Wirtschafts- und Finanzkrise in der Frage nach dem Umgang mit Staaten, deren Staatsdefizit bedrohliche Ausmaße annimmt, und sie zeigt sich weiterhin in der Diskussion, wie in Europa Menschen, die aus ihrer Heimat flüchten mussten, angemessen auf verschiedene Staaten verteilt werden. Die Tatsache, dass die EU als Sündenbock für zahlreiche offensichtliche soziale und wirtschaftliche Missstände herhalten musste, führte im Referendum über den Verbleib des Vereinigten Königreichs in der EU am 23. Juni 2016 erstmals dazu, dass die Bevölkerung für den Austritt eines Mitgliedsstaates aus der EU votierte.

Der sog. Brexit und auseinanderstrebende Tendenzen in manchen EU-Staaten führten zu einer wachsenden Nachfrage nach einem kleinen Text der Gemeinschaft Evangelischer Kirchen in Europa (GEKE), der im Jahr 2002 unter dem Titel »Kirche – Volk – Staat – Nation« erschienen war. Erarbeitet wurde er von der Süd- und Südosteuropagruppe, einer Regionalgruppe der GEKE, unter anderen historischen und politischen Vorzeichen: Mitte der 1990er Jahre stand das politische Klima in Europa noch ganz unter dem Eindruck des Falls des Eisernen Vorhangs. Verschiedene Staaten des ehemaligen Warschauer Pakts konnten neu oder erstmals ihre nationale Freiheit leben. Diese Studie war daher auch ein wichtiger Beitrag für den Selbstfindungsprozess dieser Staaten.

Als die Süd- und Südosteuropagruppe das Lehrgespräch zu dem Thema »Kirche – Volk – Staat – Nation« begann, waren die Kriege des Balkankonflikts noch in vollem Gange und forderten täglich Todesopfer. Die Hoffnung, die mit dem europäischen Einigungsprozess verbunden war: »Nie wieder Krieg auf europäischem Boden!«, hatte sich nicht erfüllt. Zwar konnte die EU bis heute nach innen Jahrzehnte des Friedens gewährleisten, doch in ihrer direkten Nachbarschaft kam es zum Krieg auf europäischen Boden. Der aufkeimende Nationalismus hatte sich in Gewalt entladen. So war es wichtig, dass die Regionalgruppe, auf deren Gebiet der Krieg zwischen Volksgruppen, Völkern und Staaten tobte, sich mit dem Verständnis von Kirche, Volk und Staat und dem Verhältnis der Kirche zu diesen Größen beschäftigte. Es zeigte sich, wie sehr Konflikte in Europa bis heute herrühren von geschichtlich bedingten Grenzziehungen, dem überhöhten Konzept des Nationalstaats und der Tatsache, dass sich die Siedlungsräume der meisten Nationen nicht mit den Grenzen der entsprechenden Staaten decken. Die Kirchen sind oft in die Konflikte verwoben, da sie geschichtlich mit einzelnen Nationen oder Volksgruppen besonders eng verbunden sind. So dient die konfessionelle Zugehörigkeit in vielen Gegenden geradezu als Identitätsmerkmal zur Identifizierung anderer Volksgruppen, und so kann es für Außenstehende erscheinen, als seien manche ethnische Konflikte konfessioneller oder religiöser Natur.

Seit dem Erscheinen dieser Studie ging die Einigung Europas in der Europäischen Union mit großen Schritten voran. In der Zugehörigkeit zur größeren europäischen Familie ließen sich manche spannungsvolle Konfliktpotentiale überwinden. 2002 war der Euro als Gemeinschaftswährung auch sichtbar eingeführt worden, in der sog. ersten Osterweiterung traten 2004 die zehn Staaten Estland, Lettland, Litauen, Polen, Tschechien, Slowakei, Ungarn, Slowenien, Malta und die Republik Zypern der Europäischen Union bei, 2007 wurden Rumänien und Bulgarien und 2013 Kroatien in die EU aufgenommen. Die Zugehörigkeit zur Europäischen Union wurde als attraktiv angesehen. Alles schien, als ginge es immer weiter so. Doch heute sehen wir uns mit einer neuen Lage konfrontiert.

Durch die Formulierung des Brexit-Referendums, das nur »remain« oder »leave« zuließ, wurde eine falsche binäre Logik des Entweder-Oder eröffnet. Stattdessen gilt es zu betonen: Berechtigte Kritik am derzeitigen Zustand der EU muss nicht in die Forderung nach dem Rückzug in nationale Unabhängigkeit führen. Andererseits führt die Absage an nationalistische Tendenzen in Mitgliedsländern der EU nicht zwangsweise zu einer Rechtfertigung der EU, wie sie derzeit organisiert ist. Es gilt, sich weiterhin für eine Weiterentwicklung der demokratischen und ausgleichenden Strukturen der EU einzusetzen.

Die GEKE hat sich seit ihrer 5. Vollversammlung 2001 in Belfast vermehrt europapolitisch geäußert, z. B. anlässlich der EU-Wahlen, der Erarbeitung einer EU-Verfassung oder in Bezug auf Friedens- und Sozialfragen.[1] Bei der 8. Vollversammlung der GEKE 2018 in Basel ist es erstmals gelungen, in einem selbstkritischen Rückblick die nationalistischen Geschichtsdeutungen auf das Ende des Ersten Weltkriegs vor 100 Jahren gemeinsam zu überwinden. In dem unter dem Titel »Gemeinsam erinnern« verabschiedeten Friedenswort geht es um Schuld, Versöhnung, Flucht, Migration, Minderheiten sowie Demokratie und Zivilgesellschaft. Es wird betont, dass die territorialen Veränderungen und Grenzziehungen, der Zerfall der multiethnischen Großreiche und die Entstehung neuer Staaten in Europa und im Nahen Osten zu neuen Ungerechtigkeiten und Verwerfungen mit bis heute erheblichen Auswirkungen geführt haben.

---

[1] Vgl. Evangelisch in Europa. Sozialethische Beiträge, hg. von Michael Bünker, Frank-Dieter Fischbach und Dieter Heidtmann (Leuenberger Texte 15), Leipzig 2013.

Aufgrund neu wachsender Nationalismen in Europa erhielt auch die kritische Beschäftigung mit der Frage nach Volkszugehörigkeit, Nation und Staatsverständnis eine neue Relevanz. Dies führte dazu, dass die Studie »Kirche – Volk – Staat – Nation« nun vergriffen ist und die GEKE sie in einer Neuauflage veröffentlicht.

Der Text wird weitgehend unverändert gegenüber der ersten Auflage herausgegeben. Lediglich einige sprachliche und grammatische Korrekturen wurden vorgenommen. Wo der Lauf der Geschichte dazu geführt hat, dass Staaten, Kirchen oder Organisationen in den vergangenen Jahren ihren Namen geändert haben, wurde im Einzelfall entschieden. Die Regionalgruppe der GEKE, die den Text erarbeitet hat, hieß damals »Süd- und Südosteuropa«, heute lediglich »Süd-Ost-Europa«. Da auch die verbindlichen Beschlussfassungen der Vollversammlung zur Annahme des Textes abgedruckt sind, wurde der ursprüngliche Name in dieser Veröffentlichung beibehalten. Im Falle des damals noch bestehenden Jugoslawiens bzw. wo historische Bezugnahmen auf das Gebiet, das für eine historische Zeitspanne Jugoslawien hieß, erfolgen, steht auch weiterhin im Text »Jugoslawien«. Verschiedene Kirchen haben ihre Namen gewechselt, manche haben auch fusioniert. Wo dies den Text betroffen hat, wurde die heutige Bezeichnung der Kirche verwendet. So wurde z. B. die Synodal-presbyteriale evangelische Kirche A. B. in Rumänien, die in der ersten Auflage erwähnt wird, nun mit ihrem heutigen Namen »Evangelisch-Lutherische Kirche in Rumänien« genannt.

Die vorliegende Studie wurde einst von der 4. Vollversammlung der GEKE 1994 in Wien an die Regionalgruppe Süd- und Südosteuropa in Auftrag gegeben. Anknüpfend an die damaligen Arbeiten hat nun 24 Jahre später die 8. Vollversammlung der GEKE 2018 in Basel den Auftrag erteilt, über das evangelische Verständnis von Demokratie als Herausforderung von Kirche und Gesellschaft kritisch nachzudenken. Aufgrund ihrer Erfahrungen wurde die Regionalgruppe Süd-Ost-Europa gebeten, sich an diesem Prozess zu beteiligen. Mit einem Ergebnis ist im Jahr 2024 zu rechnen. Wir erwarten davon, dass die evangelischen

Kirchen in Europa weiterhin einen Beitrag zur Überwindung selbstbezogener nationalistischer Tendenzen liefern und so in ihren jeweiligen Staaten und Nationen zu einer lebensfördernden Gesellschaft in Europa beitragen.

Wien, im Advent 2018

Dr. Mario Fischer
Generalsekretär der Gemeinschaft Evangelischer
Kirchen in Europa

Foreword (to the second edition)

Europe is changing. After years of the process of European integration going virtually unchallenged as a necessary development that all European states were simply to go along with if they wanted to ensure their inhabitants prosperity, security, equality before the law and a wide range of freedoms, in recent years fundamental questions have started to be asked about the meaning and necessity of the European Union. These questions are being presented by both nationalist populists, who see a threat to the identity and development of their people within the political system of the EU, and by radical economic critics, who are keen to identify the EU as nothing other than a hegemonic economic system.

Such fundamental criticism of the European unification process goes hand in hand with diminishing solidarity. This became evident during the economic and financial crisis in the way states with national debt reaching perilous dimensions were treated, and it continues to manifest itself in the discussion of how to distribute the refugees forced to flee their homelands appropriately between different states in Europe. The fact that the EU had to endure being used as a scapegoat for numerous obvious social and economic malaises led to the first case of a population voting for a member state to leave the EU in the referendum held on 23 June 2016 in the United Kingdom.

The »Brexit« process and diverging tendencies in some EU states boosted demand for the short text entitled »Church – People – State – Nation« published by the Community of Protestant Churches in Europe (CPCE) in 2002. Different historical and political conditions prevailed when the South and Southeast Europe Group, a regional group of the CPCE, compiled this text. In the mid-1990s, the political climate in Europe was still heavily influenced by the fall of the Iron Curtain. Various states that had formerly belonged to the Warsaw Pact were able to experience national freedom again or for the first time. This study therefore made an important contribution to the process of self-discovery that these states were undergoing at that point.

When the South and Southeast Europe Group embarked upon the doctrinal conversation on the topic of »Church – People – State – Nation«, the wars of the Balkan conflict were still raging at full force and killing people day by day. The hope of »Never again war on European soil!« attached to the European unification process had not been fulfilled. While the EU has been able to maintain peace within its borders for decades and to this day, war did break out on European soil right on its doorstep. Nascent nationalism had spawned violence. It was therefore important for this regional group, on whose territory this war between ethnicities, peoples and states was raging, to examine the understanding of church, nationality and state together with the relationship of the Church to these dimensions. The extent became evident to which conflicts in Europe to this day continue to stem from historically determined borders, the overriding concept of the nation state and the fact that the territories of most nations are not aligned with the corresponding state borders. The churches are often embroiled in the conflicts based on their particularly close historical ties with specific nations or ethnic groups. Thus, in many areas, confessional allegiance serves precisely as the distinguishing feature that draws the demarcation line between different ethnic groups. As a result, it can seem to outside observers as if certain ethnic conflicts stem from confessional or religious differences.

The unification process in Europe kept on moving forward with great strides after this study was published. Certain potential flashpoints for conflict were overcome by membership in the larger European family. The Euro started to circulate visibly as common currency in 2002. In 2004, the first round of expansion towards the East took place with the accession to the European Union of the ten states Estonia, Latvia, Lithuania, Poland, the Czech Republic, Slovakia, Hungary, Slovenia, Malta and the Republic of Cyprus; after which, Romania and Bulgaria also joined in 2007, followed by Croatia in 2013. Membership of the European Union was considered attractive. It seemed as if everything would continue along the same lines. But today we are confronted with a new situation.

The way the Brexit referendum was phrased, allowing only the straight choice between »remain« or »leave«, spawned an erroneously binary »either-or« logic. Instead, it needs emphasising that justified criticism of the current state of the EU does not have to spawn the demand to retreat into national independence. On the other hand, rejecting nationalist tendencies in the member states of the EU does not inevitably justify the EU in its current organisational form. There need to be ongoing efforts to develop the democratic and balancing structures further within the EU.

Since its 5th General Assembly in Belfast in 2001, the CPCE has increasingly issued statements on European politics, such as regarding the EU elections, the creation of an EU constitution, peace and social affairs.[1] During the 8th General Assembly in Basle in 2018, a self-critical review succeeded for the first time in jointly overcoming nationalistic slants in the historical interpretations of the end of the First World War one hundred years ago. The formally adopted message of peace addresses issues of guilt, reconciliation, exile, migration and minorities together with democracy and civil society. The missive emphasises that the territorial changes and drawing of borders, the collapse of multi-ethnic major empires and the emergence of new states in Europe and the Middle East led to new injustices and upheavals causing severe repercussions to this day.

The resurgence of nationalisms in Europe has also brought the critical examination of the concepts of nationality, nation and state back onto the agenda. As a result, stocks of the original print run of the study »Church – People – State – Nation« expired, leading the CPCE to publish a new edition.

This new text remains broadly unchanged from the first edition, apart from some linguistic and grammatical corrections. Wherever the course of history has brought about changes to

---

1 Cf. Protestant in Europe. Socio-ethical contributions, ed. by Michael Bünker, Frank-Dieter Fischbach and Dieter Heidtmann (Leuenberg Texts 15), Leipzig: 2013.

the names of states, churches or organisations in the intervening years, editorial judgements were made on a case-by-case basis. The regional group of the CPCE that produced the original text was called »South and Southeast Europe Group« at the time, but has since been shortened to »Southeast Europe«. However, as the included authentic reproductions of the binding resolutions passed by the General Assembly in adopting this text cite the original name of the group, the former name is retained even in this new edition. Any references to the state and territory known as »Yugoslavia«, whether contemporary or historical at the time the text was originally written, when the state still existed, also remain unchanged. Various churches have been renamed in the meantime, and some have even merged. Wherever this applies to churches mentioned in the text, the current name replaces the old. For example, the »Synodal Presbyterial Protestant Church of the Augsburg Confession in Romania« cited in the first edition is now referred to under its current name, the »Evangelical-Lutheran Church in Romania«.

The South and Southeast Europe Group was initially commissioned by the 4th General Assembly of the CPCE in Vienna in 1994 to conduct this study. Building upon the original work at that time, 24 years later, the 8th General Assembly of the CPCE in Basle in 2018 called for critical reflection upon the Protestant perception of democracy as a challenge for church and society. On the basis of its previous experience in this field, the Southeast Europe Regional Group has been asked to take part in this undertaking. The outcome is expected in 2024. We anticipate that this will demonstrate how the Protestant churches in Europe continue to work towards overcoming egoistic nationalist tendencies and thus contribute in their respective states and nations to nurturing life-enhancing society throughout Europe.

Vienna, during Advent 2018

Dr Mario Fischer
General Secretary of the Community of
Protestant Churches in Europe

Vorwort (zur ersten Auflage 2002)

Die Ausarbeitung über »Kirche – Volk – Staat – Nation« wurde von der 4. Vollversammlung der Leuenberger Kirchengemeinschaft in Wien 1994 in Auftrag gegeben. Den Delegierten jener Vollversammlung standen drei Sachverhalte vor Augen. Zum einen verlangten die ekklesiologischen Aussagen des Dokumentes »Die Kirche Jesu Christi«, das die Wiener Vollversammlung einstimmig verabschiedet hatte (s. Leuenberger Texte 1), nach weiteren Konkretionen. Besonders dringend erschien es, die Aufgaben der Kirche in den pluralistischen Gesellschaften Europas (Kapitel II der Kirchenstudie) weiter zu entfalten. Zum anderen hatten die politischen Umwälzungen der Wende von 1989, zumal im ost- und mitteleuropäischen Machtbereich der ehemaligen Sowjetunion, ein neues Nationalitätsbewusstsein geschaffen, das zum Teil zu mörderischen nationalistischen Konflikten führte (Zerfall Jugoslawiens). Schließlich galt es, einen besonderen Beitrag der Leuenberger Kirchengemeinschaft für die Zweite Europäische Ökumenische Versammlung 1997 in Graz bereitzustellen. Dieser Aufgabe wurde von der Süd- und Südosteuropagruppe mit dem Thesenpapier zum Thema »Kirche, Staat, Volk und Nation« nachgekommen.

Von den dramatischen Kontexten der mittel-, ost- und südosteuropäischen evangelischen Kirchen her lag es nah, die Regionalgruppe Süd- und Südosteuropa der Leuenberger Lehrgespräche mit der Behandlung und Durcharbeitung der Thematik zu beauftragen. Die Regionalgruppe hat sich in den Jahren 1995–1998 intensiv mit dem Verhältnis von Kirche, Volk, Staat und Nation beschäftigt. Über den Erarbeitungsprozess gibt die Studie selbst in ihrer Einleitung Auskunft. Nach der Bereitstellung des Thesenpapiers für die Grazer Ökumenische Versammlung entstand der erste Entwurf eines Votums im Jahre 1998 und wurde den Mitgliedskirchen der Leuenberger Kirchengemeinschaft zur Stellungnahme zugeschickt. Aufgrund und in Aufnahme der eingegangenen Stellungnahmen konnte ein Ergebnistext fertiggestellt werden, der dann auf der 5. Vollversammlung der Leuenberger Kirchengemeinschaft in Belfast 2001 diskutiert wurde.

Die Vollversammlung in Belfast hat das Dokument »Kirche – Volk – Staat – Nation. Ein Beitrag zu einem schwierigen Verhältnis« mit Dank entgegengenommen. Dabei wurde festgestellt, dass dieses Dokument der Frage nachgehe, »wie das Verhältnis Kirche – Volk – Staat – Nation theologisch verantwortet zu verstehen und zu gestalten ist und was als Beitrag des Protestantismus zum Aufbau demokratischer Staatsformen in einem zusammenwachsenden Europa erwartet werden kann«. An die Mitgliedskirchen gewendet heißt es im Abschlussbericht der Vollversammlung: »Die Vollversammlung bittet die Kirchen, das Lehrgesprächsergebnis aufzunehmen und bei weiteren Arbeiten zum Thema ›Kirche – Volk – Staat – Nation‹ zu berücksichtigen.«

Vielen Personen und Kirchen ist zu danken für ihre Mitarbeit an dem Dokument und seiner Publikation. Allen voran der Regionalgruppe »Süd- und Südosteuropa« mit ihren beiden Vorsitzenden, dem verstorbenen bayerischen Landesbischof Dr. D. Johannes Hanselmann sowie seinem Nachfolger in der Leitung dieser Regionalgruppe, Prof. Dr. Joachim Track. Die kundige und sorgfältige Geschäftsführung lag in den Händen von Herrn Michael Martin und Herrn Thomas Prieto Peral zusammen mit Frau Elfriede Krick. Die englische Übersetzung haben Frau Margaret A. Pater und Frau Hera Moon angefertigt, dabei konnten sie sich der Beratung von Prof. Dr. Alasdair Heron (Erlangen) erfreuen. Im Sekretariat wurde die Drucklegung von Dr. Christine-Ruth Müller, Dr. Martin Friedrich, Dr. Mark Pockrandt und Hera Moon vorbereitet und sorgfältig Korrektur gelesen. Der Evangelisch-Lutherischen Kirche in Bayern und der Evangelischen Kirche der Union ist für die Druckkostenzuschüsse zu danken.

Berlin, im August 2002

Wilhelm Hüffmeier

Foreword (to the first edition 2002)

The work on the subject of »Church – People – State – Nation« was commissioned by the 4th General Assembly of the Leuenberg Church Fellowship held in Vienna in 1994. The delegates of that Assembly were faced with three matters of concern. Firstly, the ecclesiological statements of the document »The Church of Jesus Christ« (cf. Leuenberg Document 1) adopted unanimously by the Vienna Assembly required further concretising. It seemed particularly urgent to work up the tasks of the churches in the pluralistic societies in Europe (The Church of Jesus Christ, Chapter II). Secondly, the post-1989 political changes, especially in the eastern and central European regions under the former Soviet Union's influence, gave rise to a new national awareness which partly led to homicidal nationalistic conflicts (the collapse of Yugoslavia). Thirdly, the Leuenberg Church Fellowship was expected to provide a special contribution for the Second European Ecumenical Assembly 1997 (EEA2) in Graz. The South and Southeast Europe Regional Group attended to this task producing a thesis on the subject of »Church, people, state and nation«.

Given the dramatic situation of the Protestant churches in central, eastern and south-eastern Europe, it stood to reason that the South and Southeast Regional Group of the Leuenberg Church Fellowship was commissioned to deal with the subject. The Regional Group worked intensively on the relationship between church, people, state and nation in the years between 1995 and 1998. The introduction of the study itself gives information on the working process. The first draft, which was produced in 1998 after providing the thesis for the EEA2, was sent to the member churches of the Leuenberg Church Fellowship for reactions. The draft was reviewed on the basis of the reactions received, and the resulting final paper was discussed at the 5th General Assembly of the Leuenberg Church Fellowship held in Belfast in 2001.

The Belfast General Assembly »gratefully received the document ›Church – People – State – Nation. A Contribution on a Difficult Relationship‹«. The Assembly found that »the document investigates the question how the relationship between church, people, state and nation can be understood and shaped in a theologically responsible way, and what can be expected as the contribution of Protestantism to building up democratic forms of the state in a Europe which is growing together«. As for the member churches, it reads in the final report: »The General Assembly asks the churches to accept the result of the doctrinal conversation and in further works to take note of the theme of ›Church – People – State – Nation‹.«

Acknowledgements are due to many persons and churches for their shares of work on this document and its publication. First and foremost, the South and Southeast Europe Regional Group with its both chairpersons, the late Bavarian Bishop Dr D Johannes Hanselmann and Prof. Dr. Joachim Track, his successor in the direction of the group. Its expert and careful management was carried out by Mr Michael Martin and Mr Thomas Prieto Peral supported by Ms Elfriede Krick. Ms Margaret A. Pater and Ms Hera Moon translated the German original text into English, and Prof. Alasdair Heron's (Erlangen) competent help and proofreading proved invaluable. Dr Christine-Ruth Müller, Dr Martin Friedrich, Dr Mark Pockrandt and Hera Moon in the Secretariat prepared the publication, doing among others a meticulous proofreading. We thank the Evangelical Lutheran Church in Bavaria and the Evangelical Church of the Union for financing this publication.

Berlin, in August 2002

Wilhelm Hüffmeier

Kirche – Volk – Staat – Nation

Ein protestantischer Beitrag zu einem schwierigen Verhältnis

Beratungsergebnis der Regionalgruppe
Süd- und Südosteuropa der Leuenberger Kirchengemeinschaft
1995–2000

Die 5. Vollversammlung der Leuenberger Kirchengemeinschaft hat am 24. 06. 2001 in Belfast beschlossen:

1. Die Vollversammlung dankt der Leuenberger Regionalgruppe »Süd- und Südosteuropa« für ihre Arbeit und für das vorgelegte Ergebnis ihrer Lehrgespräche.
2. Die Vollversammlung nimmt das Lehrgesprächsergebnis entgegen.
3. Die Vollversammlung bittet die Kirchen, das Lehrgesprächsergebnis aufzunehmen und bei weiteren Arbeiten zum Thema »Kirche – Volk – Staat – Nation« zu berücksichtigen.

Leuenberger Kirchengemeinschaft
Regionalgruppe Süd- und Südosteuropa

Kirche – Volk – Staat – Nation

Ein protestantischer Beitrag zu einem schwierigen Verhältnis

Vorwort

Entstehung und Absicht des vorliegenden Lehrgesprächsergebnisses

Die 4. Vollversammlung der Leuenberger Kirchengemeinschaft, die im Mai 1994 in Wien tagte, beschloss für die Weiterarbeit, dem Thema »Kirche, Volk, Staat und Nation« Priorität zu verleihen. Die Vollversammlung ließ sich bei dieser Entscheidung vor allem von den Erfahrungen in verschiedenen Regionen Europas nach den politischen Veränderungen im Jahr 1989 leiten. Der Exekutivausschuss der Leuenberger Kirchengemeinschaft hat im November 1995 die Regionalgruppe Süd- und Südosteuropa mit der Aufgabe betraut, das Thema »Kirche, Volk, Staat und Nation« zu bearbeiten.

Die Regionalgruppe hat in den Jahren 1995 bis 1999 an diesem Thema gearbeitet. Sie beschäftigte sich mit der Thematik in grundsätzlichen historischen, politischen und theologischen Vorträgen sowie aufgrund von Erfahrungsberichten aus den einzelnen Ländern und Kirchen. Eine erste Vorlage des Textes der Regionalgruppe wurde im Frühjahr 1998 den Signatarkirchen der Leuenberger Kirchengemeinschaft mit der Bitte um Kenntnisnahme und Stellungnahme zugesandt. Die zahlreich eingegangenen Stellungnahmen, die die Regionalgruppe durchweg in ihren Bemühungen bestärkt haben und denen sie wertvolle, auch kritische Anregungen verdankt, wurden im Treffen der Regionalgruppe 1999 diskutiert und so weit wie möglich in den Text eingearbeitet. Ein aufgrund der Stellungnahmen der Kirchen deutlich veränderter Text wird nun mit dem Einverständnis des Exekutivausschusses der Vollversammlung vorgelegt.

Die Regionalgruppe Süd- und Südosteuropa arbeitet seit mehr als 25 Jahren im Rahmen der Leuenberger Kirchengemeinschaft. Sie entstand in der Zeit des anhaltenden Ost-West-Konfliktes, um in grenz- und systemüberschreitenden Begegnungen durch den Austausch von Erfahrungen und Einsichten und in gemeinsamer theologischer Arbeit zu der von der Leuenberger Konkordie angestrebten »Gemeinschaft in Zeugnis und Dienst« beizutragen. Der Regionalgruppe, die bis einschließlich 1999 unter der Leitung des langjährigen bayerischen Landesbischofs D. Dr. Johannes Hanselmann D. D. stand, gehören Vertreter und Vertreterinnen evangelischer Kirchen aus Dänemark, Deutschland, Frankreich, Italien, der Bundesrepublik Jugoslawien, den Niederlanden, Österreich, Rumänien, der Schweiz, der Slowakischen Republik, Slowenien, der Tschechischen Republik und Ungarn an. Je nach Themenstellung wurden Experten aus dem universitären und kirchlichen Bereich, auch konfessionsübergreifend, zu den Tagungen eingeladen.

Die weitreichenden Veränderungen, die für die Länder in Mittelosteuropa und Südosteuropa mit der politischen Wende von 1989 verbunden sind, haben auch zum erneuten Ausbruch nationaler Konflikte geführt. Die durch die Geschichte vielfach belastete Frage nach dem Verhältnis von Volk, Nation und Staat erhielt unerwartete, zum Teil dramatische Aktualität. Nicht nur die evangelischen Kirchen, aber auch sie sind davon betroffen. Dass ihre Vertreter und Vertreterinnen in der Regionalgruppe bereit waren, sich diesem schwierigen Thema in aller Offenheit zu stellen und dabei auch der Frage nach dem Anteil der Kirchen an dieser Entwicklung nicht auszuweichen, ist schon an sich ein Zeichen gewachsener Gemeinschaft und der Bereitschaft, einander zu verstehen, sich zu verständigen und nach gemeinsamen Wegen und Lösungen zu suchen.

In den Lehrgesprächen, die in der Regionalgruppe entsprechend dem Auftrag der Leuenberger Konkordie geführt wurden und werden (vgl. LK Ziff. 37–41), werden die anstehenden grundlegenden theologischen Themen so bearbeitet, dass ihre systematische Erörterung mit einem Erfahrungsaustausch über die jeweilige Situation und theologische Position zu den anstehenden Fragen in den Kirchen verbunden wird. So wird das gemeinsame Verständnis des Evangeliums weiter vertieft, an bestehenden Lehrunterschieden gearbeitet und in der aktuellen Situation der Kirchen um eine »gemeinsame Ausrichtung von Zeugnis und Dienst« gerungen. So stand auch beim Thema »Kirche, Volk, Staat und Nation« neben grundsätzlichen Klärungen die Frage im Vordergrund, wie gerade in dem überschaubaren Bereich der Regionalgruppe dieses Verhältnis von »Kirche, Volk, Staat und Nation« theologisch verantwortet zu verstehen und zu gestalten ist und was als Beitrag des Protestantismus zum Aufbau demokratischer Staatsformen und zur Pflege der Kultur in einem zusammenwachsenden Europa erwartet werden kann.

Wir erheben nicht den Anspruch, für die anstehenden Fragen eine »globale Lösung« zu bieten, doch hoffen wir, dass die Arbeit der Regionalgruppe in ihrer bewussten Akzentuierung auch für andere Kirchen in der Leuenberger Gemeinschaft von Nutzen sein kann. Der vorgelegte Text ist das Ergebnis eines Lernprozesses innerhalb der Leuenberger Kirchengemeinschaft. Er versteht sich zugleich als Impuls zu weiteren Lernprozessen.

1 Einführung

1.1 Der Protestantismus hat in seinem Verhältnis zu Volk und Kultur, Staat und Nation zwei Gesichter: Den Reformatoren war es wichtig, dass jeder das Evangelium in seiner Sprache hören und verstehen konnte. So gehörten einerseits Reformation und die Entwicklung der Sprache und Kultur eines Volkes von Anfang an zusammen. Es entstanden Kirchen, die ihre Heimat in Volk und Kultur hatten, wie umgekehrt auch Volk und Kultur von den Kirchen geprägt wurden. Andererseits war die Reformation eine die Grenzen und Länder überschreitende Bewegung.

1.2 Die politischen Gewalten erfuhr die Reformation sowohl als Gegenmächte wie als Schutzmächte. Sie band sich in vielen Fällen an die Landesherren und damit auch an deren Territorien. Diese Nähe zum Staat machte über lange Zeit das Besondere des Protestantismus in vielen Ländern aus und wurde gleichzeitig auch zu seiner Gefährdung. Die Bindung an die jeweilige kulturelle, territoriale und später auch nationale Ausprägung behinderte fast durchweg die Öffnung für andere kulturelle und konfessionelle Gestalten des Christseins. Das Ja zum Volk, zum Staat und zur Nation führte an verschiedenen Stellen mitunter zu fragwürdigen und einseitigen nationalen Einstellungen, die wichtiger wurden als die weltweite Gemeinschaft der Kirchen und Christen.

1.3 In den reformatorischen Kirchen erkennen wir heute: Es hilft nicht weiter, die Bindung an Volk und Nation und die weltweite Verantwortung gegeneinander auszuspielen. Wir versuchen zu verstehen, was hinter den Begriffen »Volk« und »Nation« steht. Volk und auch Nation sind geschichtlich vorgegebene Größen. Sie bieten einen überschaubaren Raum gemeinsamen Lebens und Erlebens sowie kulturellen, sozialen und politischen Gestaltens. Hier finden Menschen Heimat, Orientierung und Möglichkeiten der Identifikation. Volk und Nation dürfen aber nicht zum Ort der Ausgrenzung und Abgrenzung von anderen werden. Sie müssen sich öffnen für die Begegnung mit Völkern und Nationen, für verschiedene Erfahrungen und kulturellen Reichtum sowie für die gemeinsame Weltverantwortung.

1.4 Dabei ist es wichtig zu erkennen, dass das Verhältnis von Volk, Staat, Nation und Kirche aus unterschiedlichen Perspektiven gesehen wird und gesehen werden muss. Es ist ein Unterschied, ob ein starkes Nationalgefühl von einem mächtigen Staat zu imperialistischen Zwecken missbraucht wird, ob ein kleiner Staat seine Eigenständigkeit mit Mitteln der nationalen Identität gewinnen will oder ob eine ethnische Minderheit um ihr Selbstbestimmungsrecht und ihr Überleben ringt.

1.5 Die gegenwärtige Situation ist weitgehend durch die tiefgreifenden Veränderungen in Europa seit 1989 geprägt. Dies ermöglichte den mittel- und osteuropäischen Staaten, ihren verborgenen Emanzipationsbestrebungen gesellschaftlich, außenpolitisch und ökonomisch Gestalt zu geben, ihre gegenseitigen Beziehungen so weit wie möglich auf eine neue Grundlage zu stellen und sich teilweise auf die Europäische Union zuzubewegen. Gleichzeitig sind die unterschiedlichen nationalen Gegensätze neu zum Vorschein gekommen und teilweise massiv aufgebrochen – unter anderem im ehemaligen Jugoslawien und in der früheren Sowjetunion. Diese politische Entwicklung ist aufs engste verbunden mit einem Prozess wirtschaftlicher und sozialer Umstrukturierung. Von daher mag es verständlich sein, dass der Nationalismus als gemeinschaftsbildendes und gesellschaftsstabilisierendes Moment erfahren und eingesetzt wird. Es ist aber nicht zu übersehen, dass der Nationalismus auch zu umfangreicher sozialer und wirtschaftlicher Destabilisierung führen kann.

1.6 Diese Tendenzen müssen im Zusammenhang der Gesamtentwicklung Europas gesehen werden. Sie ist einerseits charakterisiert durch Säkularisierung und Auflösung alter Bindungen, andererseits durch unterschiedliche Gegenreaktionen, wie neue nationale und fundamentalistische Tendenzen. Zudem entstehen im gesamteuropäischen Ausmaß bestimmte Ungleichzeitigkeiten. Die Entwicklungen verlaufen zumeist in unterschiedlichen Geschwindigkeiten. Das erfordert die Bereitschaft, sich auf asynchrone Prozesse einzulassen und auf Pauschalurteile zu verzichten.

1.7 Die Regionalgruppe ist den vielfältigen Beziehungen nachgegangen, durch die es in Geschichte und Gegenwart im Protestantismus zu einer wechselseitigen Prägung von Kirche, Volk, Staat und Nation gekommen ist. Es bedarf sowohl einer sorgfältigen geschichtlichen Untersuchung des Verhältnisses von Kirche, Volk, Staat und Nation als auch einer grundsätzlichen theologischen Bestimmung dieses Verhältnisses. Schließlich müssen auch die Konsequenzen solcher Verhältnisbestimmung für gegenwärtiges Handeln aufgezeigt werden. Daraus ergibt sich der innere Aufbau des hier vorgelegten Textes:

- Zunächst waren *begriffliche Klärungen (2)* erforderlich. In einem phänomenologischen Zugang werden in diesem Zusammenhang anthropologische Gegebenheiten beschrieben, die der Entwicklung von Volk, Staat und Nation zugrunde liegen. Eine Analyse der Begriffe von Volk, Staat und Nation schließt sich an. Sie wird durch ein mehrsprachiges Glossar im Anhang ergänzt.
- Ein *geschichtlicher Rückblick (3)* beschreibt, wie gesellschaftliche, politische und kulturelle Entwicklungen die Entstehung sehr verschiedener, unabhängiger, an Volk oder Nationalität orientierter protestantischer Territorialkirchen beeinflusst haben. Zugleich zeigt sich in diesen geschichtlichen Untersuchungen, dass die Reformation immer auch eine Völker und Nationen übergreifende und insofern gesamtkirchliche Bewegung war.
- An *Beispielen (4)* wird dies näher erläutert. Sie sind mit der Absicht ausgewählt, exemplarisch an einzelnen Kirchen jeweils bestimmte Charakteristika des vielschichtigen Geflechts von Kirche, Volk, Staat und Nation zu veranschaulichen, das

vielerorts bis heute für den Protestantismus in Europa kennzeichnend ist.

- Grundlegende theologische Bestimmungen von Kirche, Volk, Staat und Nation bietet der Abschnitt *»Das biblische Zeugnis und grundlegende theologische Einsichten« (5)*. Dabei tritt die Spannung zwischen dem »Schon jetzt« und »Noch nicht« des Reiches Gottes hervor, die dann in Bezug auf das Glaubenszeugnis und die Lebensgestaltung in Kirche und Gesellschaft erörtert wird.
- Daraus erwachsen *Herausforderungen (6)* für das Verhältnis der Kirchen zu Volk und Nation, Staat und Gesellschaft heute. Insbesondere ist eine Auseinandersetzung mit der Gefahr des Nationalismus erforderlich. In einem konstruktiven Zugang werden die Kriterien und Leitlinien (Herausforderungen und Zumutungen) für die Wahrnehmung gesellschaftlicher und politischer Verantwortung entfaltet. Dabei kommt auch die transnationale Ebene mit den Chancen und Problemen des zusammenwachsenden Europas in den Blick. Welche Aufgaben sich daraus für die Gemeinschaft der durch die Leuenberger Konkordie verbundenen Kirchen ergeben, erörtert der Schlussabschnitt.

2 Klärungen

2.1 Anthropologische Zugänge

2.1.1 Der Mensch ist angewiesen auf die Geborgenheit im Kleinen und Nahen. Er braucht die bergende Nähe der Familie, der Heimat, der Sitte und der Gewohnheit. Er braucht seine Sprache und die vertrauten Gesten, seine Musik und seine Tänze. Er benötigt das um seiner Identität willen, besonders für seine Identitätsentwicklung – als Kind und Jugendlicher stärker noch als im Erwachsenenalter. Er braucht das, um in allem, was ihm widerfährt, Orientierung und ein Mindestmaß an Sicherheit zu behalten. Er braucht all dies, um er selbst sein zu können.

Der Mensch ist aber auch und vor allem ein sich selbst und seine Umwelt überschreitendes Wesen. Er ist neugierig, er möchte mehr wissen, mehr können. Er ist das »nicht festgestellte Wesen«. Das macht ihn stark, aber auch verletzlich. Er findet sich in Gefilden, für die ihn die Natur nicht ausgestattet hat. Er ersetzt durch Werkzeuge, was ihm an natürlicher Ausstattung fehlt. Aber seinem natürlichen Wesen entspricht es, eben nicht für bestimmte Aufgaben ausgestattet zu sein. Er ist spezialisiert auf das »Nichtspezialisiertsein«. Das ermöglicht es ihm, seine besonderen Fähigkeiten erst zu entwickeln. Es eröffnet dem Menschen einen Handlungs- und Gestaltungsspielraum. So entfaltet er in der Natur seine Welt der Kultur und Technik.

2.1.2 *Theologisch* ist in systematischer Perspektive zu sagen, dass der Mensch von Gott geschaffen und als Person angeredet wird. So wird ihm ein Lebensraum in Gottes Schöpfung eröffnet. Gott meint die einzelne Person, redet zu ihr, und zwar in der jeweiligen Sprache, am jeweiligen Ort, in der jeweiligen Situation. Der Mensch wird von Gott geliebt und so zur Weltgestaltung und Verantwortung befähigt.

Der Mensch ist herausgefordert, entsprechend seiner Gottebenbildlichkeit in der Spannung zwischen dem schon angebrochenen und noch erwarteten Reich Gottes zu leben. Seine gottgewollte Bestimmung verfehlt er aber immer wieder. Er gerät unter die Macht der Sünde, von der er sich aus eigener Kraft nicht befreien kann. Jesus Christus hat durch sein Sterben und Auferstehen die Macht der Sünde gebrochen und den Menschen in ein neues Leben gestellt. Der Glaubende lebt in der Gemeinde als geschwisterlicher Gemeinschaft vor Ort und in der alle Grenzen von Völkern und Nationen überschreitenden Kirche.

2.1.3 *Ökonomisch* ist zu sagen, dass der Mensch auf Güteraustausch angewiesen ist. Dieses Bedürfnis hat den Menschen in Kontakt mit anderen Menschen geführt, seit er versuchte, in den Besitz von Salz zu kommen. In und durch Arbeit verändert der Mensch seine Lebenswelt. Arbeit führt zur Zusammenarbeit, zugleich spezialisiert und differenziert sie.

Angesichts der wirtschaftlichen Großstrukturen ist die Ausbildung lokaler und regionaler Märkte sowohl für die Produzenten als auch für die Konsumenten wichtig. Die Einbettung der Wirtschaft in regionale Kommunikationsstrukturen kann der Gefahr vorbeugen, dass allmählich alle Lebensbereiche ökonomischen Gesetzmäßigkeiten untergeordnet werden, so dass der Mensch für den Markt existiert und nicht mehr der Markt für den Menschen.

2.1.4 *Kulturell* ist zu sagen, dass Beheimatung in überschaubaren Lebens- und Gestaltungsstrukturen sowie (nach-)vollziehbaren Entscheidungsstrukturen notwendig ist, um die Beteiligung des Bürgers an der Lebens- und Weltgestaltung zu gewährleisten.

Kultur ist ihrem Wesen nach Gestaltung und Kommunikation. Im weiten Sinn meint Kultur die Gestalt, die Menschen ihrer Lebenswelt im Wechselspiel mit der Natur und deren Indienstnahme geben. Im engeren Sinn geht es um das kulturelle Leben, den künstlerischen Ausdruck, der ein besonderes Merkmal menschlichen Lebens ist. So schafft Kultur immer auch etwas Neues, ist in Bewegung und bringt in Bewegung. Sie zielt auf Wahrnehmung, Teilhabe, Kommunikation. Kultur ist in einem Volk immer gegenwärtig in unterschiedlichen Kulturen. Deshalb beinhaltet Kultur ihrem Wesen nach auch den Austausch von Kulturen vor Ort und weltweit. So gewiss Folklore Kultur ist, so gewiss gehört zum Menschsein auch eine die jeweils eigene Kultur transzendierende, weltzugewandte Kultur. Hier mag auch die ursprüngliche Relation der Kultur zum Kultus, der den Menschen in Beziehung zum Göttlichen, zur »Transzendenz« setzt, eine Rolle spielen.

2.1.5 *Politisch* ist zu sagen, dass der Mensch Verantwortung übernimmt und übernehmen muss. Er ist zur Gestaltung des Lebens in der Gemeinschaft mit anderen in allen Bereichen, auch in den kleinen, überschaubaren, herausgefordert. Der Mensch lebt in vielfältigen Beziehungen, die sein Leben bestimmen. Er kann deshalb als »politisches Wesen« (*zoon politikon*) bezeichnet werden.

Die Menschen haben ihre Kontakte zur weiteren Umwelt schon immer auch politisch gestaltet. Heute gibt es im Grunde keine Innenpolitik mehr ohne Außenpolitik. Menschen erleben sich in weltweiter Verantwortung. Sie fragen nach einem »Weltethos«, nach weltweit verbindlichen Regeln, nach weltweiter Geltung der Menschenrechte, deren Charta allerdings bislang nicht von allen Völkern übernommen wurde.

2.1.6 Zur *Kommunikation* ist zu sagen, dass überschaubare Kommunikationsstrukturen notwendig sind, damit jeder Mensch erfährt, was ihn direkt und unmittelbar betrifft. Dadurch ist für ihn eine Beteiligung an der Meinungsbildung möglich und sind letztlich seine Grundrechte gewährleistet.

Die Menschen sind nicht nur neugierig, was in der Welt geschieht, sondern werden auch betroffen von dem, was sich in ihr ereignet. Die Welt ist durch die mediale weltweite Vernetzung ein »Dorf« geworden.

2.2 Klärung der Phänomene und Begriffe

2.2.1 Die hier verhandelten Begriffe, vor allem »Volk« und »Nation«, haben in den verschiedenen Sprachen teilweise sehr unterschiedliche Bedeutungsinhalte. Das wird schon deutlich, wenn die griechischen und lateinischen Bezeichnungen in ihrer Vielfalt zum Vergleich herangezogen werden (*demos, ethnos, laos, populus, gens, natio, genos/genus, phyle, plebs*). Diese Unterschiede müssen beachtet werden. Darum ist ein mehrsprachiges Glossar unverzichtbar (vgl. Anhang A).

»Volk« und »Nation« verweisen zum einen auf die Selbstorganisation und Selbstwahrnehmung politischer Handlungseinheiten, zum anderen auf die jeweils davon ausgeschlossenen anderen Handlungseinheiten oder Fremdgruppen.[1] Diese Ambivalenz gewinnt dadurch an Gewicht, dass die Begriffe »Volk« und »Nation« häufig mit Wertvorstellungen besetzt sind, die noch emotional verstärkt werden, und deshalb objektiv nur schwer zu definieren sind.

2.2.2 *Völker* sind in der Geschichte entstanden, zum Beispiel als Gruppen, die sich einem Heerführer anschlossen. Dabei spielten religiöse Komponenten eine große Rolle. So galten zum Beispiel Könige oft als »Heilige«.

Gleichzeitig wurde das »Volk« immer im Gegensatz zur politischen Elite gesehen, entweder so, dass die Elite auf das »einfache Volk« heruntersah, oder dass die »Volksmassen« sich revolutionär in die Geschichte einbrachten und Staat, Nation und Gesellschaft zu gestalten versuchten. In diesem Sinne hat der Begriff »Volk« notwendig eine soziale Komponente.

Zugleich kann sich mit dem Begriff »Volk« die Abgrenzung von anderen Völkern verbinden. So wechselt der Volksbegriff

---

[1] Reinhart Koselleck, Fritz Gschnitzer, Karl-Ferdinand Werner, Bernd Schönemann: Art. Volk, Nation, in: Geschichtliche Grundbegriffe. Historisches Lexikon zur politisch-sozialen Sprache in Deutschland. Herausgegeben von O. Brunner u. a. (Band VII, 1992, S. 141–431, hier S. 142).

zwischen Selbstbestimmungswünschen und manchmal sehr aggressiven Abgrenzungsbemühungen von »den Anderen«.

In der Moderne, das heißt mit Beginn der Französischen Revolution, fand in Europa ein umfassender Transformationsprozess statt, der einerseits zu der Vorstellung der »Volkssouveränität« in der modernen Demokratie führte, andererseits zur Entwicklung von romantischen Nationalismen.

2.2.3 In dem genannten neuzeitlichen Transformationsprozess bekommt ein alter Begriff neue Bedeutungsinhalte und eine unerhörte Dynamik: *Nation*. Sie ist in der europäischen Geschichte ein spätes Phänomen. Erst im 18. Jahrhundert wird »Nation« in Europa zu einem Schlüsselbegriff. Dann aber entwickeln Idee und Phänomen der Nation eine bedeutsame geschichtliche Dynamik. Solche Dynamik ist sowohl in der Integrationsfähigkeit dieses Begriffes als auch in der Variabilität seiner Bedeutung und Deutung begründet. Sie hat darin einen weiteren Grund, dass sich mit dem Begriff und Phänomen »Nation« sehr unterschiedliche programmatische Vorstellungen, Interessen und Gefühle verbinden können.

»Nation« ist ein geschichtlich gewachsener Begriff, der Geschichte macht und selbst einem geschichtlichen Wandel unterliegt. Die Nationen sind historische und politische Gebilde, die in unterschiedlichen politischen, sozialen und kulturellen Situationen entstehen und dem geschichtlichen Wandel unterliegen. Unverkennbar hat der Begriff »Nation«, wiewohl er an empirische Gegebenheiten anknüpft, den Charakter eines Konstrukts. Er ist erst auf dem Boden der neuzeitlichen Entwicklung möglich und hat zugleich die Moderne in spezifischer Weise geprägt.

Entsprechend gibt es unterschiedliche Vorstellungen, was für eine Nation konstitutiv ist. Eine Nation kann aus einem Volk oder einer ethnischen Gruppe mit gemeinsamer Sprache, Kultur und Geschichte bestehen, die ein abgegrenztes Territorium bewohnt und über eine staatliche Ordnung verfügt. Nation wird hier als eine geschichtlich gewachsene Einheit eines Volkes in einem Staat verstanden, in die die Einzelnen aufgrund ihrer

Volkszugehörigkeit hineingeboren werden und die für sie Lebensraum ist. Dieses Verständnis von Nation als einer ethnisch homogenen Größe lässt per Definition anderen ethnischen Gruppen (Minderheiten) im selben Staatsgebiet praktisch keine Chancengleichheit. Es hat eher die Vorstellung von »ethnischer Reinheit« bis hin zu »ethnischer Säuberung« zur Folge.

Es gibt jedoch auch ein Bewusstsein von Nationalität, das nicht an die Grenzen eines Territorialstaates gebunden ist, sondern sich an gemeinsamer Sprache, Tradition und Herkunft festmacht. Das gilt zum Beispiel für ungarische Minderheiten in den auf Grund des Trianon-Abkommens von 1920 unabhängig gewordenen Nachbarstaaten, aber auch für das Deutschland des 19. Jahrhunderts als Kulturnation ohne gemeinsame staatliche Ordnung.

Ein wiederum anderes Verständnis von Nation ist nicht ethnisch oder kulturell, sondern politisch orientiert. Es sieht eine Nation dadurch konstituiert, dass die Bürgerinnen und Bürger eines Staatsgebietes unabhängig von ihrer ethnischen Herkunft zu einer gemeinsamen Organisation zusammengeschlossen sind, in der sie sich eine politische Ordnung geben und gemeinsam politisch handeln. Nation wird hier durch den souveränen politischen Willen einer Gemeinschaft verwirklicht (Staatsnation). Ethnische Gegebenheiten spielen dabei nur eine nachgeordnete Rolle. Ein klassisches Beispiel dafür ist die Schweiz.

2.2.4 Die unterschiedlichen Begriffsinhalte von Nation begegnen selten »lupenrein«. Sie kennzeichnen Schwerpunkte, von denen aus die jeweils anderen Aspekte gewichtet werden. Damit ergibt sich für die europäischen Länder eine beachtliche Vielfalt verschiedenartiger Ausprägungen, der die Regionalgruppe Rechnung zu tragen hatte. Sie hat zugleich keinen Zweifel daran gelassen, dass sie bei einem ausschließlich ethnisch bestimmten Nationenbegriff deutliche Gefahren einer Fehlentwicklung sieht. Dazu gehört der *Nationalismus*, der bis zum Ende des Zweiten Weltkrieges das Verhältnis von Nationen weithin geprägt hat. Danach hat sich die Situation tiefgreifend verändert.

Inzwischen besteht in Europa ein weitreichender Konsens, dass der Nationalismus ein überholtes und zu überholendes Phänomen gesellschaftlicher Selbstverständigung und politischer Gestaltung ist. Gleichzeitig bildeten sich übernationale Strukturen heraus, teilweise gefördert durch den Ost-West-Konflikt, teilweise durch das Bestreben nach wirtschaftlicher Stärkung (vereintes Europa, andere Staatenbündnisse). Wirtschafts- und Sicherheitsinteressen verbanden sich. Es entwickelte sich durch Politik, Wirtschaft und Kommunikation so etwas wie ein globales Bewusstsein (die Welt als *global village*).

Vor allem nach der Beendigung des Ost-West-Konfliktes macht sich aber neuerdings ein verstärkter Nationalismus bemerkbar. Der Grund: Einerseits ist, insbesondere gegenüber kleineren Nationen, der Druck der Zugehörigkeit zu »politischen Blöcken« verschwunden, andererseits werden emanzipatorisch regionale Interessen gegen die weltweiten Strukturen und Vereinheitlichungstendenzen aktiviert.[2]

2.2.5 Der *Staat* ist nach neuzeitlichem Verständnis die verfasste politische Ordnung, durch die für ein bestimmtes Territorium das Zusammenleben der Bürger und Bürgerinnen in der Gesellschaft geregelt wird.

Entscheidend ist, dass die Staatsordnung unabhängig von Rasse und Nation, Religion und Weltanschauung, Geschlecht und Parteizugehörigkeit die gleichberechtigte Mitwirkung seiner Bürgerinnen und Bürger ermöglicht. Ein demokratisch legitimierter Staat sieht seine vorrangige Aufgabe darin, den politischen Willen der Bürger und Bürgerinnen als dem eigentlichen Souverän durch Mehrheitsentscheidungen zur Geltung zu bringen. Er verfügt dazu über die erforderliche Macht, die

---

[2] Vor allem in Afrika und Asien gibt es unabhängig davon einen besonderen Diskurs über Nation (*nation building*), bei dem es um die Bildung neuer Staaten sowohl gegenüber traditionellem Stammesbewusstsein (Tribalismus) als auch gegenüber kolonialistischen Verwaltungsstrukturen geht.

jedoch zeitlich befristet übertragen wird und durch Gewaltenteilung begrenzt ist. Obwohl die Machtausübung öffentlicher Kontrolle unterliegt, ist auch in einem demokratisch verfassten Staat Machtmissbrauch nicht ausgeschlossen.

Der Staat kann, wie bereits erwähnt, dazu benutzt werden, um die Vorstellung eines ethnisch bestimmten Nationenbegriffes bis hin zum Nationalismus zu verstärken. Die europäischen Nationalstaaten, insbesondere Deutschland, bieten in der neueren Geschichte warnende Beispiele einer nationalistischen Instrumentalisierung des Staates. Solchen Gefahren kann durch einen schon in der Verfassung verankerten Schutz von ethnischen, kulturellen und religiösen Minderheiten begegnet werden. Die europäischen Migrationsbewegungen, aber auch demographische Prozesse stellen in diesem Zusammenhang eine besondere Herausforderung dar.

Die Möglichkeit des Machtmissbrauches ist auch durch das funktionale Verhältnis des Staates zu anderen Organisationsformen der Gesellschaft wie Wirtschaft, Recht, Wissenschaft und Kultur gegeben. Dabei ist zu fragen, wie weit der Staat in diese Bereiche, insbesondere in die Wirtschaft regulierend eingreifen soll. Die Frage ist aber auch, ob er angesichts der wachsenden Dominanz der Ökonomie tatsächlich eingreifen kann oder eher zum Vertreter von Wirtschaftsinteressen wird.

So variabel die Funktion des Staates »nach innen« ist, so problematisch ist sie »nach außen«. Einerseits geben die Staaten immer mehr von ihrer Souveränität an übernationale Strukturen ab, wie zum Beispiel an die Europäische Union, andererseits verlieren die Nationalstaaten in ihren überkommenen Funktionen mehr und mehr an Bedeutung angesichts der wirtschaftlichen Globalisierung.

2.2.6 Der Begriff der *Gesellschaft* im modernen Sinn hat sich im Prozess der Ablösung von der ständisch geprägten Ordnung, dem feudalen Wirtschafts- und Sozialsystem und vom absolutistisch orientierten Staatsverständnis gegen Ende des 17. und im 18. Jahrhundert entwickelt. Er ist insofern von Anfang an ein emanzipatorisch-kritischer Begriff und mit dem Anspruch einer Neugestaltung der Verhältnisse verbunden. Da die Gesellschaft als solche kein Gegenstand unmittelbarer Wahrnehmung ist, hat das Reden von »der Gesellschaft« die Funktion einer Leitperspektive. Sie dient dazu, die unterschiedlichen Merkmale von Gesellschaft als einer grundsätzlichen Verfasstheit des menschlichen Daseins sowie die jeweils konkreten, sich geschichtlich entwickelnden und verändernden Formen der Verwirklichung von Gesellschaft zu untersuchen.

Dabei ergeben sich drei grundlegende Fragenbereiche. Der erste betrifft die geschichtliche (evolutionäre) Entwicklung von Gesellschaft im Medium von Sprache (Religion, Kultur, Wissenschaft), von Arbeit (Wirtschafts- und Sozialformen, Umgang mit der Natur) und von Herrschaft (politische Machtordnungen, Recht). Beim zweiten Komplex geht es um das Verhältnis zwischen den in einer Gesellschaft vorgegebenen, eingeübten und eingeforderten Orientierungs- und Verhaltensmustern und dem Freiheitsspielraum für Veränderung und individuelle Lebensgestaltung. Aufgrund der hohen Ausdifferenzierung und der Komplexität moderner Gesellschaften ist drittens nach der Integration, der Einheit und der Selbstbestimmung einer Gesellschaft angesichts der Vielzahl von Teilsystemen zu fragen. Damit verbindet sich die Frage nach grundlegenden Rahmenbedingungen (Grundrechte, demokratische Verfahrensregelungen) und nach weltanschaulichen (philosophischen und theologischen) Orientierungen, die Ausdifferenzierung sowohl ermöglichen als auch begrenzen.

Mit der Leitperspektive »Gesellschaft« ist ein Wahrnehmungshorizont eröffnet, der für das Verständnis von Volk, Nation und Staat, aber auch für das Verständnis von Kirche mitzubedenken ist. Er ermöglicht eine differenzierte Erfassung der Entwicklung und der Bedingungen der Moderne. In der jetzt beginnenden Diskussion über den Beitrag der Zivilgesellschaft in Europa sind die Kirchen aufgerufen, unter ihren jeweiligen Bedingungen ihren Ort zu bestimmen und auszufüllen.

2.2.7 Was sich bisher mit Volk, Nation und Staat an Leitvorstellungen verband, erscheint in einem neuen Licht angesichts der rasanten gesellschaftlichen Transformationsprozesse, die mit dem Stichwort *Globalisierung* zusammengefasst werden. Sie vollzieht sich sowohl in Politik und Kultur, aber vor allem in der Wirtschaft durch internationale Handelsverflechtungen, transnationale Unternehmen und ausländische Direktinvestitionen. Besonders die internationalen Finanzmärkte haben sich geradezu explosionsartig entwickelt. Sie schleusen enorme Geldsummen mit der Aussicht auf hohe Gewinne rund um den Globus. Dadurch wird in kürzester Zeit mehr verdient, als durch Erwerbsarbeit je möglich wäre.

Die Globalisierung hat erhöhte Migration zur Folge, aus politischen und ökonomischen Zwängen. So steigert sich an vielen Orten die Realität einer multikulturellen Gesellschaft mit allen Fragen der Integration und der Vielfalt von Kulturen. Welchen Inhalt und welche Bedeutung man der Globalisierung auch zuschreibt, sie wirft dringende neue Fragen auf, die die nationale, kulturelle und religiöse Identität und das Anderssein betreffen. Obwohl die Globalisierung ein faszinierendes Phänomen ist, führt sie auch zu tiefgreifender existentieller Verunsicherung der Menschen. Die Sorge um die Entwicklung der Arbeitsmärkte und um die Zukunft der sozialen Sicherungssysteme verstärkt diese Verunsicherung.

Ebenso real sind die Existenzbedrohungen für die, die keine Chance haben, durch Arbeit ihr Leben zu sichern. Der Ausgleich zwischen den mehr oder weniger Leistungsfähigen in der Gesellschaft erscheint immer schwieriger. Transnationale Unternehmen entziehen sich weithin nationaler Regulierung. Das führt – weitgehend unbemerkt von der Öffentlichkeit – zur Umverteilung von Macht. Diese Entwicklung hat verschiedene Gegenbewegungen zur Folge. Es kommt zu neuen Regionalisierungsprozessen. Und es entstehen neue Fundamentalismen und neue Nationalismen.

Deshalb wächst die Einsicht, dass wirtschaftliches Handeln ähnlich wie die innere und äußere Sicherheit des Staates demokratischer Kontrolle unterliegen muss. Auch die Frage nach der

Gerechtigkeit in einer humanen Gesellschaft stellt sich neu. Wie können Transformationsprozesse derart globalen Ausmaßes nicht nur einigen wenigen zugutekommen, sondern dem Wohl der Menschheit insgesamt dienen? Und überhaupt: Wie viel Transformation erträgt der Mensch? Wie viel »Unübersichtlichkeit« hält er aus?

3 Kirche im Spannungsfeld von Volk, Staat und Nation – historische Einsichten

3.1 Die Reformation im Kontext der gesellschaftlichen und politischen Entwicklung

3.1.1 Von Anfang an und ihrem Wesen entsprechend wurde die Reformation und damit die Entstehung der protestantischen Kirchen wesentlich von der allgemeinen politischen und gesellschaftlichen Entwicklung mitbestimmt.

3.1.2 Politisch stand die Reformationsbewegung innerhalb des Heiligen Römischen Reiches Deutscher Nation in Wechselbeziehung mit Bestrebungen, die Eigenständigkeit herkömmlicher Feudalstrukturen (Fürstentümer und Reichsstädte) zu stärken und auszubauen. Dies geschah mit Hilfe der Behauptung alter Rechtsprivilegien gegen die verschiedentlich vom Kaiser bzw. vom Papst beanspruchte absolute Universalität des Römischen Rechts. Ganz anders sah die Lage aus in den schon seit Jahrhunderten befestigten oder zur Zeit der Reformation neu etablierten monarchischen Nationalstaaten in Skandinavien, Großbritannien, Frankreich oder auf der Iberischen Halbinsel. Dort hat die Staatspolitik den Erfolg bzw. Misserfolg der Reformation wesentlich mitbestimmt – teilweise freilich auch umgekehrt. In Skandinavien, wie auch in England, wurde die Reformation »von oben« durchgesetzt. Dagegen bewirkte in der Schweiz, in Schottland und in den Niederlanden die Reformation eine durchgreifende Neuordnung auch der staatspolitischen Verhältnisse. In Frankreich bildeten die Hugenotten, wenn auch nur vorübergehend, eine Art »Staat im Staat«. In Portugal, Spanien und im Territorium des heutigen Italiens blieben die Evangelischen eine kleine, lange Zeit diskriminierte und gelegentlich verfolgte Minderheit. Insofern ist die Reformation in einer Vielfalt – auch national geprägter – Reformationen geschichtlich wirksam geworden. Diese Konstellationen brachten je verschiedene Verbindungen von Kirche, Volk und Staat hervor, die bis heute nachwirken.

3.1.3 Kulturell wurden neben der weltweiten Alleingeltung der lateinischen Sprache die Volkssprachen als Schriftsprachen entwickelt. Die von der Dichtung schon länger verwendete Volkssprache (Minnesänger, Troubadours, Trouvères) wurde bewusst stärker betont. Die Bibelübersetzung Martin Luthers hat die Entwicklung der deutschen Hochsprache entscheidend angestoßen. Ähnliches gilt für die Herausbildung anderer Nationalsprachen in verschiedenen Ländern Europas, wie in Ungarn, Tschechien oder Slowenien. Gleichzeitig kultivierten die Humanisten und das Mönchtum die alten Sprachen: das klassische Latein im Gegensatz zu dem in ihren Augen minderwertigen mittelalterlichen Kirchenlatein sowie das wiederentdeckte Griechisch und Hebräisch. Sprachkultur wurde so in jedem Fall in beiden Richtungen gepflegt.

3.1.4 Da sich die Reformation nicht in der gesamten abendländischen Kirche durchführen ließ, konnte sie nur in einzelnen, relativ unabhängigen politischen Gebieten durchgesetzt werden. So führten in Deutschland einzelne Fürsten und die freien Reichsstädte die Reformation ein. Dadurch entstanden in zahlreichen Territorien »Landeskirchen«. Die Fürsten wurden zu »Notbischöfen« und damit faktisch zu Oberhäuptern der Landeskirchen. Das Luthertum entwickelte in der Folgezeit ein einheitliches, relativ geschlossenes Korpus des Bekenntnisses, das in Staaten, die sich der Reformation anschlossen, übernommen werden konnte (z. B. Schweden). Im Bereich der reformierten Kirchen hat sich die Reformation im Rahmen politischer Einheiten auf der Grundlage regionaler reformierter Bekenntnisse, z. B. des helvetischen, schottischen oder ungarischen, vollzogen.

Die zahlreichen Migrationsbewegungen in Mitteleuropa führten in vielen Fällen später zu konfessioneller Bestimmung der Nationalität. Reformiert-ungarische und lutherisch-slowakische Gemeinden auf dem Gebiet des heutigen Jugoslawien entstanden zum Beispiel durch Zwangsumsiedlungen Evangelischer nach Siebenbürgen und an die »Militärgrenze« gegenüber den Osmanen durch die Habsburger.

3.1.5 Von Anfang an war es das Anliegen der Reformation, die Heilige Schrift in die Volkssprachen zu übersetzen. Jeder sollte die Bibel selbständig lesen, dem Wort Gottes in seiner Sprache begegnen und sich ein eigenständiges Urteil bilden können. Mit der Volkssprache in der Kirche war es möglich, dass alle Gemeindeglieder teilnehmen konnten an dem, was in der Kirche geschieht. Im Gottesdienst wurde in der Volkssprache gepredigt, Gott im Lied gelobt und zu Gott gebetet. Zwar gab es im Mittelalter durchaus auch Lieder in der Volkssprache, diese wurden aber nur in Gottesdiensten und Andachten neben der Messe verwendet. Seit der Reformation wurde diese Doppelheit aufgehoben und der gesamte Gottesdienst weithin in der Muttersprache gehalten. Deshalb war es den Reformatoren wichtig, die Alphabetisierung des Volkes zu fördern.

3.1.6 Die Reformation war von Beginn an eine auf das Volk ausgerichtete und von ihm auch getragene Bewegung. Sie hat darin – trotz der unterschiedlichen politischen Bedingungen – ein gemeinsames europäisches Kennzeichen. Zugleich verstand sich die Reformation immer völkerübergreifend. In diesem Sinne war sie international. Vor allem die umfangreiche Korrespondenz eines Melanchthon, Calvin oder Bullinger sowie vieler anderer Reformatoren ist ein Beleg dafür. Ihre Briefwechsel erstreckten sich über ganz Europa einschließlich der Orthodoxie und gingen damit bis nach Konstantinopel. Auch die Ausstrahlung der theologischen Fakultäten und Akademien belegt die grenzüberschreitende Wirkung der Reformation.

3.2 Neuzeitliche Entwicklung

3.2.1 Mit der Französischen Revolution bekam der Begriff »Nation« eine neue Bedeutung. »Nation« wurde als neues politisches Subjekt definiert. Im Gegensatz zu anderen Staaten bekam der Nationalismus in Frankreich sein besonderes Gepräge. Denn in den Revolutionskriegen wurde das »Volk« zum kriegsführenden

Subjekt. Das Volksheer trat an die Stelle des Berufsheeres früherer Zeiten.

3.2.2 In den Freiheitskriegen entwickelte sich in Deutschland ein starkes Nationalbewusstsein mit antifranzösischen und antiaufklärerischen Zügen. Daran anknüpfend suchte die Romantik nach den mythischen Wurzeln der Völker. Das Interesse an Volksgruppen und nationaler Kultur verstärkte sich. In der Habsburgermonarchie entwickelten mehrere ethnische Gruppierungen ein eigenes Nationalbewusstsein, das sich zum Beispiel in eigener Literatur niederschlug. Diese Entwicklungen beeinflussten auch Kirche und Theologie.

3.2.3 Vor allem in der lutherischen Theologie des 19. und frühen 20. Jahrhunderts begann man von Staat und Volk als Schöpfungs- und Erhaltungsordnungen Gottes zu reden. Die bei Luther mitschwingenden funktionalen Bestimmungen (Ziel der gesellschaftlichen Ordnung und Aufgabe des Staates ist die Bewahrung des Lebens) wandelten sich zu einer (ontologischen) Auffassung des Staates und des Volkes als von Gott vorgegebenen Größen. Gegenüber der Erkenntnis, dass der Staat dem geschichtlichen Wandel unterliegt, setzte sich die Vorstellung von Staat und Nation als den uns in ihrer geschichtlichen Gestalt von Gott so vorgegebenen und aufgegebenen Größen durch. Dem korrespondiert, dass das Volk als schöpfungsgewollte Größe in einer geschichtstheologischen Wendung auch als Schicksalsgemeinschaft angesehen wurde. Dass es solche, noch dazu auf nationalstaatliche Territorien abgrenzbare »Völker« nicht gibt und die Aufgliederung der Nationen auch das Ergebnis geschichtlicher Entwicklungen und menschlicher Entscheidungen ist, wurde übersehen.

3.2.4 Dazu kam, insbesondere im deutschen Luthertum, eine deutliche Orientierung an paternalistischen Obrigkeitsmodellen (Bündnis von »Thron und Altar«). Gegenüber säkularen Begründungen von Staat und Nation wurde die Einsetzung der Obrigkeit von Gott hervorgehoben. Gegenüber dem neuzeitlichen Individualismus und beginnenden Pluralismus bevorzugte man die Vorstellung von Volk und Nation als lebendigen Organismen. Die Vorordnung der Gemeinschaft vor dem Einzelnen und die Verpflichtung des Einzelnen, sich für das Wohl der ganzen Gemeinschaft einzusetzen, wurden unter Berufung auf (vermeintliche) lutherische Ethik betont.

3.2.5 Zu der Auffassung, dass die Obrigkeit von Gott eingesetzt und vorgegeben ist, trat die sich ebenfalls auf Luther berufende Unterscheidung zwischen geistlichem und weltlichem Regiment. Im Verbund beförderten beide Ansichten eine deutliche Unterscheidung zwischen dem, was Amt der Kirche und was Amt des Staates ist. Sie ermöglichten auch die Unterscheidung zwischen dem Auftrag, der allen Menschen – die Christen eingeschlossen – zur Erhaltung der weltlichen Ordnung gegeben ist, und dem, was Christen in ihrer persönlichen Verantwortung im Licht der Freiheit des Evangeliums geboten ist. Darüber geriet jedoch der Zusammenhang zwischen den beiden Regierweisen Gottes aus dem Blick, was zur Folge hatte, dass dem weltlichen Regiment eine »Eigengesetzlichkeit« zugestanden wurde.

3.2.6 Insgesamt zeigt sich also, dass aufgrund einer Kombination von theologischen Grundausrichtungen (Volkssprache, gemeindeorientierte Kirchenorganisation, bestimmte Auslegungen von Luthers Ethik) und allgemein historischen Entwicklungen »unheilige Allianzen« mit dem obrigkeitlichen Staat und vor allem den neuen Nationalismen geschlossen worden sind. Was in der Reformation Funktionszuweisungen waren, wurde ideologisch überhöht.

3.3 Zur gegenwärtigen Situation

3.3.1 Wie schon erwähnt, gab es im Protestantismus seit der Reformation neben seiner Einbindung in Volk, Staat und Nation immer auch übergreifende Tendenzen. Mit dem Eintritt protestantischer Staaten in das koloniale Zeitalter weitete sich der Horizont auf die ganze Welt aus. Exulanten der Religionskriege waren Weltbürger, wie Comenius, der vielleicht bedeutendste unter ihnen. Auch diejenigen, die aus Religionsgründen nach Amerika auswanderten, trennten sich von ihren nationalen Wurzeln und gingen den Weg in eine neue Welt, in die sie sich von Gott gewiesen wussten.

3.3.2 Im Europa des 20. Jahrhunderts blieb das Verhältnis zum Staat ein kritischer Punkt. Luthers Lehre von den beiden Regierweisen Gottes war zwar durch den Widerspruch gegen den Allmachtsanspruch der Kirche veranlasst, sie wies jedoch auch die weltlichen Machthaber in ihre Grenzen. Für die Auseinandersetzung mit dem nationalsozialistischen Regime in Deutschland konnten Lutheraner darin auch das Recht und die Pflicht zum Widerstand begründet sehen. Nach lutherischer und reformierter Tradition wird vom Staat eine Schutzfunktion für den christlichen Glauben erwartet. Das schließt auch nach reformierter Überzeugung eine staatskritische Haltung nicht aus. Sie hat konsequenterweise ebenfalls zum Widerstand geführt, wie in Frankreich und den Niederlanden. Insbesondere die Erfahrungen des Zweiten Weltkrieges beförderten in den meisten protestantischen Ländern eine Kultur des selbstverantwortlichen Bürgers, der sich jedem ideologisch überzogenen und auch einseitig christlich begründeten und bestimmten Staat widersetzte.

3.3.3 Einige Strömungen im Protestantismus haben diese Seite besonders betont, wenn auch aus unterschiedlichen Gründen. Die staatskritische Haltung konnte unterschiedliche Formen und Motivationen haben, wie zum Beispiel bei den Täufern, die jeden bewaffneten Widerstand verweigerten, bei den gegen die Staatskirche rebellierenden Freikirchlern und bei manchen Teilen der Erweckungsbewegungen zwischen 1750 und 1850. Der Wahrhaftigkeit wegen ist dabei jedoch auch daran zu erinnern, dass die Täufer – abgesehen von Inseln der Toleranz – wegen ihrer Glaubensüberzeugungen wie andere radikal-reformatorische Bewegungen auch in den Gebieten verfolgt, vertrieben und hingerichtet wurden, in denen die Reformation sich durchgesetzt hatte. Auch sonst waren staatskritische Bewegungen in den Kirchen der Reformation nicht gerade wohlgelitten.

3.3.4 Im Verhältnis der Kirchen der Reformation zum Staat ging es jedoch nicht nur um eine ordnungstheologische Bejahung des Staates oder kritische Anfragen an den Staat, sondern auch um konstruktive Mitarbeit an der Gestaltung des Staates. Auf reformatorische Wurzeln gehen die neuen diakonischen und sozialpolitischen Initiativen zurück, ebenso wie die in den sozialen Konflikten des 19. Jahrhunderts und beim Aufbau von Gewerkschaften besonders aktiven Gruppen. Es ist nicht zufällig, dass etwa im Zusammenhang mit der Suche nach gesamteuropäischen Leitlinien entdeckt wurde, dass das »Subsidiaritätsprinzip« nicht katholischen, sondern reformierten Ursprungs war und schon früh, zum Beispiel in der französischen Kirchenordnung von 1559, formuliert wurde.

3.3.5 Die ökumenische Bewegung des 20. Jahrhunderts war ihrer Definition nach nicht nur kirchen-, sondern auch völkerübergreifend. Wichtig ist dabei, dass der Ausgleich der national geprägten Konfessionskirchen zunächst in den Missionsgebieten, dann auch bei der Versöhnung zwischen den Völkern nach dem Ersten Weltkrieg ausdrückliches Ziel dieser Bewegung war. Gerade die Bemühungen um eine nationale Versöhnung der bisherigen Kriegsgegner machten bewusst, wie wichtig es einerseits war, sich für die Völkerversöhnung einzusetzen, und wie schwierig diese Aufgabe andererseits angesichts der weithin anders ausgerichteten Einstellungen der Kirchen war. Außerdem spielten die Auseinandersetzungen im deutschen Kirchenkampf in die Ökumene mehrfach hinein. So beschäftigte sich die Weltkonferenz für Praktisches Christentum in Oxford 1937 ausdrücklich mit dem Nationalismus und warnte vor den Gefahren des Nationalstaats.

3.3.6 Schließlich sind die vielfältigen Bemühungen zu vermerken, an der *einen* Kirche über die in Blöcke gespaltene Welt, insbesondere in Europa, hinweg festzuhalten. Gleichzeitig bemühten sich vor allem die protestantischen Kirchen, zu einer gesamteuropäischen Identität zu kommen und zwar nicht über die Vision einer vorneuzeitlichen Einheit, sondern durch Zusammenarbeit aller Beteiligten in Achtung vor der jeweiligen Eigenständigkeit und Unterschiedlichkeit der Kirchen.

3.4 Einsichten aus der geschichtlichen Entwicklung

3.4.1 Der geschichtliche Rückblick macht deutlich, dass der Protestantismus in Europa als eine Bewegung mit zwei Gesichtern erscheint. Unverkennbar ist seine starke Verwurzelung in der Sprache, Kultur und Geschichte eines Volkes. Er ist in seiner nationalen Identität und oft auch in der jeweiligen staatlichen Ordnung fest verankert. Dadurch hat er sie mitgeprägt, ist aber zugleich auch seinerseits von ihnen geformt worden. Um sich gegen den Universalanspruch der römisch-katholischen Kirche behaupten zu können, waren derart enge Bindungen wahrscheinlich unvermeidlich. So gesehen kann von der Reformation auch immer nur im Plural als von partikularen, regional gebundenen und unterschiedlichen Reformationen gesprochen werden.

3.4.2 Diese Vielfalt soll weder negiert noch bagatellisiert werden. Im Gegenteil, sie macht den Reichtum der reformatorischen Kirchen aus. Sie kennzeichnet jedoch zugleich auch ihre Gefährdung. Die jeweilige kulturelle, territoriale und oft auch nationale Prägung hat den Kirchen den Zugang zu konfessionell und kulturell anderen Ausprägungen des Christentums oft nicht erleichtert, sondern erschwert.

3.4.3 Die ökumenische Bewegung des vergangenen Jahrhunderts hat hier zu einer erheblichen Horizonterweiterung beigetragen. Sie hat geholfen, die eigene Herkunft in einem neuen Licht zu sehen, so dass auch das andere der beiden Gesichter des Protestantismus deutlicher erkennbar wurde. Jetzt zeigte sich, dass er nicht nur partikular ausgerichtet war, sondern von

Anfang an auch die Tendenz zur Überwindung des Partikularismus in sich trug, auch wenn diese sich nur begrenzt hat durchsetzen lassen. In der Bewegung für Praktisches Christentum und im Konziliaren Prozess für Gerechtigkeit, Frieden und Bewahrung der Schöpfung haben die Kirchen Weltverantwortung als gemeinsame Aufgabe für sich erkannt.

Der Reformation ging es um die dem Evangelium gemäße Erneuerung der ganzen Kirche, ohne dass sie deswegen ihre Einheit preisgeben wollte. Was die Besonderheit der protestantischen Kirchen ausmacht, eben die enge Verbindung mit Volk und Nation, Sprache und Kultur, prägt sie jeweils unterschiedlich, aber das Phänomen ist ihnen gemeinsam. Dies verbindet sie mehr, als es sie trennt, zumal die Wurzel unverkennbar dieselbe ist: Die Menschen sollen das Wort des lebendigen Gottes in ihrer Sprache hören und verstehen können. Die Priorität, die der Bibel dabei zukommt, ist heute nicht mehr protestantisches Sondergut. Umso mehr sind die Kirchen der Reformation die Erfahrungen und Einsichten, die sie dabei gewonnen haben, der ökumenischen Gemeinschaft schuldig.

4 Beispiele

Das Verhältnis von Volk, Staat, Nation und Kirche in Bezug auf den Protestantismus hat sich in Europa in vielfältiger, teilweise sehr unterschiedlicher Weise ausgeprägt. Die folgenden Fallbeispiele sollen dies verdeutlichen. Sie wurden unter dem Gesichtspunkt ausgewählt, dass wesentliche Aspekte dieser vielfältigen Verhältnisbestimmungen wenigstens beispielhaft zum Ausdruck gebracht werden. Weder die Darstellungen der aktuellen Situationen noch die der historischen Entwicklungen beanspruchen deshalb Vollständigkeit. Aus den Beispielen dürfen keine Verallgemeinerungen abgeleitet werden, weil schon die Innenwahrnehmungen in einzelnen Ländern unterschiedlich sind.

Den Mitgliedern der Regionalgruppe ist bewusst, dass Auswahl und Darstellung der folgenden Beispiele Anlass zu manchen kritischen Rückfragen bieten werden. Trotzdem scheint das Anliegen unaufgebbar, die jeweilige Geschichte und die unterschiedlichen Erfahrungen verschiedener Kirchen mit Volk, Staat und Nation zumindest exemplarisch in den grundsätzlichen theologischen Diskurs einzubringen.[3]

4.1 Transleithanisches Mitteleuropa

In Mitteleuropa leben die evangelischen Kirchen derzeit im Kontext der geschichtlichen Entwicklung von Mehrvölkerstaaten zu Nationalstaaten. Für die Kirchen in diesem Raum, zu dem auch die Region gehört, die von der Slowakei über Ungarn und Slowenien bis nach Rumänien reicht, gibt es mehrere geschichtliche und gegenwärtige Gemeinsamkeiten:

---

[3] Ihr Verhältnis zu Europa stellen alle Mitgliedskirchen der LKG dar in dem Buch: Unterwegs nach Europa – Perspektiven evangelischer Kirchen, hg. von H. J. Luibl, C.-R. Müller, H. Zeddies, im Auftrag des Exekutivausschusses der LKG, Frankfurt am Main ^{2}2002.

- Reformatorische Kirchen entstanden in Mitteleuropa schon im 16. Jahrhundert im unmittelbaren zeitlichen Anschluss an die Reformationen, die von Wittenberg, Zürich und Genf ausgingen.
- Nach dem Ende der osmanischen Machtentfaltung kam es zur Verschiebung großer Teile der Bevölkerung. Volksgruppen wurden in die vom Krieg verwüsteten und entvölkerten Gegenden und an die »Militärgrenze« verpflanzt. Leere Gebiete wurden besiedelt. Im Zuge der habsburgischen Gegenreformation wurden viele Evangelische gezwungen, in andere Landesteile auszuweichen.
- Die Vielvölkerstaaten, wie die Österreichisch-Ungarische Monarchie nach dem Ersten Weltkrieg, Jugoslawien und die Tschechoslowakei nach 1989, zerfielen. Der Erste Weltkrieg ergab neue Staatsgrenzen und in der Folge davon die Trennung ursprünglich zusammengehöriger evangelischer Kirchen und ethnischer Gruppen. So lebten zum Beispiel nach dem Ersten Weltkrieg zwei Millionen Ungarn und mehr als 800.000 Deutsche in Siebenbürgen. Die Unterdrückung der nichtherrschenden Volksgruppen in der Monarchie unterstützte den starken Willen nach einem eigenen Staat. In der Folge davon entstanden neue kleine Mehrvölkerstaaten mit starken nationalstaatlichen Tendenzen der Mehrheitsbevölkerung.
- Die entstandenen Staaten und Kirchen haben die nationalen Minderheiten aus der Geschichte geerbt. Die Kirchen stehen nun vor der Herausforderung, der Gesellschaft den Umgang mit den Minderheiten vorzuleben.
- Gemeinsam war die Erfahrung mit dem Nationalsozialismus. Er war in der Lage, über eine kurze Zeit in einigen Ländern auch eigene politische Strukturen zu schaffen (z. B. nationalistische Parteien).
- Gemeinsam waren die Erfahrungen mit der marxistisch-leninistischen Ideologie und dem damit verbundenen Totalitarismus, mit der Unterdrückung der Kirchen und mit den Versuchen der kommunistischen Regierungen, die Kirchen ideologisch zu neutralisieren, aber auch die Erfahrungen im Bekennen des Evangeliums gegenüber totalitärer Macht.

- Gemeinsam sind die Entwicklungen von Bürgergesellschaften mit demokratischen Prinzipien und die Wiedergewinnung eines ganzheitlichen Missionsverständnisses der Kirche, das die kulturelle und sozialdiakonische Verantwortung einschließt.
- Gemeinsam sind die Bestrebungen zur Aufnahme in die europäischen Kultur-, Wirtschafts- und Sicherheitsstrukturen.

Es gibt in diesem Gebiet zwei Typen von evangelischen Kirchen:

- Große Volkskirchen, die konfessionell, nicht aber ethnisch eine beachtliche Minderheit darstellen, wie die lutherische Kirche der Slowakei oder die lutherische und reformierte Kirche in Ungarn. In diesen Kirchen gibt es mehrere Sprachgruppen, die allerdings nicht gleich groß sind.
- Kirchen unterschiedlicher Größe, die sowohl konfessionell als auch ethnisch eine Minderheit darstellen. Sie alle sind volkskirchlich strukturiert, wenngleich dies in einigen Fällen, wie in Rumänien und im ehemaligen Jugoslawien, auf sehr kleine Gebiete beschränkt ist. Charakteristisch für all diese Kirchen ist die enge Verbindung von konfessioneller und ethnischer Zugehörigkeit.

Unterschiedlich ist auch die Bereitschaft und Möglichkeit der Kirchen, sich in die politischen Angelegenheiten der Länder einzumischen. Während sie in Ungarn und der Slowakei traditionell einen hohen Stellenwert haben, kämpfen die kleinen Minderheitskirchen darum, ihre Traditionen und Rechte zu behalten.

Die ethnischen Minderheiten in den neuen Nationalstaaten sind einerseits eine Bereicherung, bringen aber auch andererseits ein Konfliktpotential mit sich. In diesem Sinn stellt es eine Herausforderung für die Kirchen dar, sich nicht auf das Spiel derjenigen politischen und nationalistischen Gruppen einzulassen, die entweder hegemoniale staatsübergreifende Ansprüche erheben oder die Minderheiten zu assimilieren oder zu diskriminieren versuchen. Demgegenüber ist es Aufgabe der Kirchen, mit Nachdruck auf die Universalität der Menschenrechte, auf die Tragkraft der demokratischen Bürgergesellschaft und auf die Idee des gesellschaftlichen Pluralismus hinzuweisen.

Die Volkskirchen stehen darüber hinaus vor dem Problem, wie sie mit Minderheiten in ihrer eigenen Mitte umgehen. Es gibt zum Beispiel:

- eine slowakisch sprechende Minderheit in der mehrheitlich ungarisch sprechenden Reformierten Christlichen Kirche in der Slowakei,
- slowakisch und deutsch sprechende Minderheiten in der Lutherischen Kirche in Ungarn,
- ungarisch und deutsch sprechende Minderheiten in der Evangelischen Kirche A.B. in der Slowakei,
- rumänisch und slowakisch sprechende Minderheiten in der mehrheitlich ungarisch sprechenden Evangelisch-Lutherischen Kirche in Rumänien.

Die kleinen evangelischen Kirchen haben oft große Schwierigkeiten, dem Assimilationsdruck standzuhalten. Besonders bedrückend ist die Situation in der deutschsprachigen lutherischen Kirche in Rumänien (Siebenbürgen). Durch jahrelange Abwanderung verlor diese Kirche den Großteil ihrer Glieder. Es blieben in der Regel nur jene zurück, die zu alt waren, um auszuwandern, oder die in nationalen und konfessionellen Mischehen lebten. Geschichtlich begreiflich, aber belastend wirkt sich für diese Kirche aus, dass in ihr die nationale und kirchliche Identität untrennbar verbunden ist.

Alle diese Kirchen können – gerade weil sie so lange als konfessionelle oder nationale Minderheiten in fremder Umgebung zu leben hatten und haben – von diesen Erfahrungen her eine Sensibilität für das gerechte Verhältnis zu anderen Minoritäten oder auch Majoritäten in ihren jeweiligen Ländern entwickeln. Die kriegerischen Auseinandersetzungen im ehemaligen Jugoslawien und die damit verbundenen Wanderungsbewegungen haben die Kirchen Mitteleuropas zu gemeinsamen diakonischen

Einsätzen veranlasst, die denjenigen zugutekommen, die unter Krieg und Vertreibung besonders zu leiden hatten. So ist eine neue ökumenische Zusammenarbeit entstanden, die alle Grenzen übergreift.

4.2 Tschechische Republik

Der starke Wille der Tschechen, sich von der Habsburgermonarchie loszulösen, sich gegen Hitler-Deutschland zu verteidigen, von der sowjetischen Diktatur frei zu werden und einen eigenen Nationalstaat zu bilden, ist eng verbunden mit einer jahrzehntelangen Diskussion über die Rolle von Staat und Nation und die religiösen Einflüsse auf die tschechische Geschichte. Während Tomáš G. Masaryk, der erste Präsident der Tschechoslowakei, die neuere tschechische Geschichte als bewusste Aufnahme des Erbes der tschechischen Reformation programmatisch deutet, sehen andere, wie der Historiker Josef Pekař, die tschechische Nation auf der Grundlage des barocken Katholizismus. Verschärft wird diese Auseinandersetzung durch die Frage des Verhältnisses von Tschechen und Deutschen, das in vieler Hinsicht außerordentlich belastet ist. Der Philosoph Emanuel Rádl hat gerade in dieser Diskussion schon früh den Finger auf den Punkt gelegt, dass ein bestimmter Nationalismus eine gefährliche Überhöhung darstellt und zu einer Ersatzreligion werden kann. Ein Staat, der »nur zum Ausdruck des nationalen Charakters« begründet wird, lässt es nicht zu, »die Nation als das Reich des Sittlichen und Idealen aufzufassen«.

Aktuell ergibt sich in Tschechien die Herausforderung, ob es den Kirchen gelingt, zur Überwindung der historischen Spannungen zwischen Katholiken und Evangelischen und zwischen Deutschen und Tschechen beizutragen. In der Evangelischen Kirche der Böhmischen Brüder führte eine intensive Beschäftigung mit dieser Problematik 1995 zu einer synodalen Erklärung, in der die lange Geschichte von Tschechen und Deutschen in den Böhmischen Ländern gewürdigt, die Schuld beider Seiten benannt, um Vergebung gebeten und zur Versöhnung aufgerufen wird. Die Erklärung fand in Deutschland ein insgesamt sehr positives Echo, das in einer Erklärung der Synode der EKD von 1996 zum Ausdruck kommt. Beide Synoden bildeten eine gemeinsame Arbeitsgruppe, die sich mit den Wunden der Vergangenheit, aber auch mit den Spuren der Versöhnung und dem gemeinsamen Weg in die Zukunft auseinandersetzte.[4]

4.3 Österreich

Die Erfahrungen der Evangelischen in Österreich sind nicht zu verstehen, ohne die Geschichte der Habsburgermonarchie mitzubedenken. Schon in den zwanziger Jahren des 16. Jahrhunderts erfasste die Reformation die Länder des heutigen Österreich. Nach anfänglicher Verbreitung unter allen Schichten der Bevölkerung organisierten die Habsburger eine massive Gegenbewegung, die nicht zuletzt durch den Einsatz militärischer Gewalt, durch Zwangsumsiedlungen und Vertreibungen auch Erfolg hatte. Erst 1781 gewährte Josef II. den Juden, den Orthodoxen und den Evangelischen Toleranz und das Recht privater Religionsausübung.

Am Ende des 19. Jahrhunderts erlebte die evangelische Kirche eine Eintrittsbewegung, die unter der Parole »Los von Rom« sowohl antikatholische als auch antihabsburgische Ziele vertrat. Die »Los-von-Rom«-Bewegung verfolgte hauptsächlich eine deutschnationale Politik. Dies begünstigte, dass sich die evangelische Kirche nach 1918 zunehmend nach Deutschland zu orientieren begann. In der Zeit des Austrofaschismus in den dreißiger Jahren waren es viele Sozialdemokraten, die der evangelischen Kirche beitraten. In dieser Zeit war eine Nähe der evangelischen Kirche zu großdeutschen und deutschnationalen und schließlich auch nationalsozialistischen Strömungen gegeben. Der »Anschluss« des Jahres 1938 wurde begrüßt.

---

[4] Siehe: »Der trennende Zaun ist abgebrochen« – Zur Verständigung von Tschechen und Deutschen, Leipzig 1998.

So hat die evangelische Kirche in Österreich eine doppelte Identität ausgebildet: Einerseits verstand sie sich als Opfer der dominanten römisch-katholischen Kirche und der Habsburger. Andererseits war sie selbst Täterin, vor allem in Bezug auf die Ächtung und Verfolgung der österreichischen Jüdinnen und Juden zwischen 1938 und 1945.

Nach 1955 und dem Abschluss des Staatsvertrages mit den Alliierten und der Erklärung der immerwährenden Neutralität nützte Österreich seine Lage zwischen den beiden Blöcken und profilierte sich als Brücke und Ort der Begegnung. Diese Funktion übernahm auch die evangelische Kirche und bot sich als Gesprächsort und Vermittlerin für Kirchen in Ost und West an. Es ist kein Zufall, dass die Tagungen der Leuenberger Regionalgruppe Süd- und Südosteuropa seit Jahren in Österreich stattfinden. Diese Erfahrungen wurden später auch für die Zweite Europäische Ökumenische Versammlung 1997 in Graz und die EU-Erweiterung fruchtbar gemacht.

Der aus der Geschichte bis in die zweite Hälfte des 20. Jahrhunderts unter Evangelischen herrschende Vorbehalt gegenüber dem österreichischen Staat und die gleichzeitige traditionelle protestantische Obrigkeitsausrichtung, die damit in Widerspruch steht, erschwerten den Evangelischen in Österreich lange, eine tragfähige Position einzunehmen. Diese Aufgabe wird erst seit etwa zwei Generationen in Angriff genommen und ist noch nicht abgeschlossen.

4.4 Deutschland

Beim Aufbau evangelischer Kirchentümer übernahmen die jeweiligen Landesherrn – einer Aufforderung Luthers folgend – häufig die Funktion von »Notbischöfen« (vgl. 3.1.4). Mit der Verfestigung dieser Entwicklung wurde die Kirchenleitung faktisch durch staatliche Organe ausgeübt. Die Landeskirche war mit dem dem Landesherrn unterstehenden Territorium identisch und durch seinen Bekenntnisstand definiert. Das Prinzip des Augsburger Religionsfriedens von 1555 »cuius regio, eius religio« galt sowohl in protestantischen als auch in katholischen Herrschaftsgebieten. Für den Protestantismus in Deutschland wurde dabei wichtig, dass die Lutheraner bereits 1555 reichsrechtliche Anerkennung bekamen, die Reformierten aber erst mit dem Westfälischen Frieden von 1648 und die Täufer mit dem gesamten »linken Flügel der Reformation« ganz davon ausgeschlossen blieben.

Nach der Auflösung des Heiligen Römischen Reiches Deutscher Nation 1806 wurden konfessionell unterschiedlich geprägte Territorien zu den neu gebildeten deutschen Staaten vereinigt. An die Stelle der bisher territorial begründeten Kirchenzugehörigkeit trat die vertraglich geregelte Sicherung der Religionsausübung. Auch die mehrkonfessionellen Staaten des Deutschen Bundes (1815–1866) blieben dem Konzept von Staatskirchen mit dem Summepiskopat des Landherrn verpflichtet.

1918 ging das Bündnis von »Thron und Altar« definitiv zu Ende. Obwohl die Landeskirchen damit rechtlich selbständig geworden waren, orientierten sie sich territorial und strukturell zunächst weiterhin noch an den vergangenen Herrschaftsverhältnissen. Die Weimarer Reichsverfassung brachte mit dem Ende der Staatskirche die formelle Trennung von Kirche und Staat. Sie garantierte den Kirchen das Selbstbestimmungsrecht, beließ ihnen aber zugleich ihre öffentlich-rechtliche Stellung mit den damit verbundenen Privilegien. Deshalb wird von einer »hinkenden Trennung« gesprochen. Die Beziehungen zwischen Staat und Kirche wurden seitdem auf der Basis von Verträgen geregelt.

Der Nationalsozialismus versuchte, sich der Kirche zu bemächtigen, indem er sie dem Totalitätsanspruch des Staates unterwarf und für sich selber Offenbarungsqualität beanspruchte. Die »Bekennende Kirche« hat sich diesem Ansinnen widersetzt. Ihr Widerspruch fand in der Barmer Theologischen Erklärung von 1934 seine theologische Begründung, wobei daraus nur von wenigen Einzelpersonen die Konsequenz des Widerstandes gegen den NS-Unrechtsstaat gezogen wurde. Dieses schuldhafte Versäumnis stellt die Kirche bis heute u. a. auch vor die Aufgabe, die Barmer Theologische Erklärung für ihr Verhältnis zum Staat immer wieder zum Maßstab zu machen.

Die Bundesrepublik Deutschland hat die Bestimmungen der Weimarer Reichsverfassung zum Verhältnis von Staat und Kirche in ihr Grundgesetz übernommen. Dieses garantiert die Freiheit religiöser und kirchlicher Betätigung und verpflichtet zugleich den Staat zu weltanschaulicher Neutralität. Die Beziehungen sind sowohl von gegenseitiger Achtung der Unabhängigkeit wie von wechselseitiger Kooperation bestimmt. Die durch Vereinbarungen unterschiedlicher Rechtsformen geregelte Zusammenarbeit bezieht sich vor allem auf die Bildungsverantwortung (Religionsunterricht, theologische Lehrstühle), die Militär- und Gefängnisseelsorge, den staatlichen Einzug der Kirchensteuer sowie auf die soziale und diakonische Arbeit.

In der DDR wurde das Prinzip der Trennung von Staat und Kirche konsequent bis zur Restriktion gehandhabt, wenn es im Interesse des Staates lag. Dies hinderte die herrschende Partei jedoch nicht, mit Hilfe des Staates politisch, ideologisch und vor allem administrativ auf die Kirche Einfluss zu nehmen. Die evangelischen Kirchen konnten sich gerade unter Berufung auf das Trennungsprinzip der Einmischung des Staates weitgehend entziehen. Dabei hatten sie zugleich deutlich zu machen, dass sie sich auch für das Wohl der Menschen wie der Gesellschaft mitverantwortlich wussten. Um des Evangeliums willen waren sie »zwischen Anpassung und Verweigerung« zu »kritischer Solidarität« gerufen. Die Theologische Erklärung von Barmen (1934) war für diese Positionsbestimmung von maßgeblicher Bedeutung.

4.5 Frankreich

Das Verhältnis zwischen Kirche und Staat in Frankreich ist bestimmt durch die »Laïcité«, ein Begriff, der nicht übersetzbar ist. Er besagt, dass der Staat sich ohne jeden religiösen Bezug verhält und jeglichen Einfluss der Kirchen auf die Institutionen der Republik zurückweist. »Laïcité« beinhaltet auch, dass der

Staat seinerseits keinerlei Einfluss auf das innere Leben der Kirchen nimmt. Die Betonung der »Laïcité« ist das Ergebnis eines Kampfes, den die Französische Revolution begonnen hat gegen die Bevormundung der französischen Gesellschaft durch die katholische Kirche im Ancien Régime und gegen deren Versuche, einen bevorzugten Platz in der französischen Gesellschaft im 19. Jahrhundert zurückzugewinnen.

Die Protestanten haben im Streit für die »Laïcité« eine ihnen gegebene Chance erkannt, sich als Minderheit zu entwickeln. Aus diesem Streit haben sich zwei Formen von »Laïcité« ergeben:

- Einerseits entstand eine »Laïcité« mit einer radikalen Trennung von Kirche und Staat. Sie fand im Jahr 1905 ihren deutlichsten Ausdruck. Aus dieser Perspektive ist Religion eine reine Privatangelegenheit. So darf z. B. kein Religionsunterricht an öffentlichen Schulen erteilt werden. Die Kirchen können sich als privatrechtliche Vereinigungen organisieren, werden aber nicht finanziell unterstützt. Der Staat garantiert die freie Religionsausübung aller.
- Es gibt aber auch eine andere, mildere Form von »Laïcité«, die »offene Laïcité«. Sie hat ihren Ausdruck gefunden im Statut, das von Napoleon 1801/1802 festgelegt wurde und im Elsass weiterhin besteht. Dabei bindet sich der Staat an keine der Kirchen, lässt aber Religionsunterricht an öffentlichen Schulen zu. Er unterstützt die anerkannten traditionellen Religionsgemeinschaften, indem er die Gehälter der Geistlichen bezahlt.

Die radikale Trennung von Kirche und Staat, wie sie im Jahr 1905 in Frankreich durchgeführt wurde, ist nach und nach abgemildert worden. Es konnten vom Staat finanzierte Pfarrstellen in der Militär- und Gefängnisseelsorge und in den Krankenhäusern eingerichtet werden.

Heute akzeptiert und erwartet der französische Staat die Stimmen der Kirchen in der nationalen Ethik-Kommission und in den Medien. Die Stimmen der Kirchen werden in ethischen und sozialpolitischen Fragen gehört.

Aber auch die Verfechter der »radikalen Laïcité« sind noch auf dem Plan. Sie haben sich besonders im »Kopftuch-Streit« zu Wort gemeldet. Dabei wollten und wollen sie Frauen und Mädchen muslimischen Glaubens verbieten, das traditionelle Kopftuch in öffentlichen Schulen zu tragen.

Heute fragen die Kirchen, ob der Staat nicht seinerseits besser darauf achten sollte, dass die »Laïcité« gewahrt bleibt, statt eine spezifische Gesetzgebung gegen »Sekten« zu erlassen.

Im Elsass, wo eine lutherische und eine reformierte Kirche leben, wurde die radikale Trennung von Kirche und Staat nie eingeführt, da diese Region im Jahr 1905 noch zu Deutschland gehörte. Deshalb gibt es dort eine besondere politische und kulturelle Entwicklung. Es wurden auch immer Gottesdienste in deutscher Sprache gehalten.

4.6 Methodistische Kirchen

Im Vergleich zu den unterschiedlichen Ausprägungen des Verhältnisses zwischen Kirche, Volk, Staat und Nation in den reformatorischen Kirchen ist ein Blick auf die davon deutlich unterschiedenen Positionen der europäischen methodistischen Kirchen lehrreich, insbesondere da viele von ihnen in eine besondere Beziehung zur Leuenberger Kirchengemeinschaft getreten sind.

Der Methodismus entstand aus der Kirche von England, hat sich aber erst nach mehr als vierzig Jahren (1784 in den USA, ab 1797 im Mutterland) von ihr getrennt. In Nordamerika, wo es nach der Unabhängigkeitserklärung keine Staatskirche mehr gab, ist die Trennung vom Staat zu einem Grundprinzip kirchlicher Existenz geworden. Auf den Britischen Inseln haben Methodisten unterschiedliche Haltungen zum Staat eingenommen, von strikter Loyalität bis zu heftiger Abgrenzung. In manchen Ländern ist der Methodismus der britischen Tradition de facto zur Volkskirche geworden (z. B. in Tonga), während in anderen Ländern (z. B. Italien) die freikirchliche Tradition charakteristisch ist. In den Vereinigten Staaten von Amerika und in den methodistischen Traditionszweigen, die von dort ausgingen, blieb die Trennung vom Staat ein Grundprinzip methodistischer Identität und Organisation der Kirche. Die meisten Methodisten sehen sich heute als Bürger, die ihrem Staat in kritischer Solidarität verpflichtet sind. Methodistische Organisationsstruktur nimmt normalerweise Rücksicht auf nationale Grenzen; zugleich aber gibt es ein starkes Bewusstsein der Verbindung (»Connexion«) zwischen Methodisten über nationale Grenzen und ethnische Trennungslinien hinweg, das die schlimmsten Auswirkungen des Nationalismus gemildert hat. In den vergangenen Jahren war es im europäischen Kontext an einigen Stellen sehr hilfreich, dass sich Methodisten nicht durch ihre nationale Identität definieren, sondern durch die übernationale methodistische Identität. Vielleicht das instruktivste Beispiel dafür ist Irland. In den beiden politisch getrennten Gebieten von Nordirland und der Irischen Republik besteht nur eine methodistische Kirche. Diese Kirche hat deshalb (so wie die anderen grenzübergreifenden Kirchen) eine wichtige Rolle bei der Versöhnung gespielt.

In Europa gibt es hauptsächlich zwei methodistische Traditionen: Ein Zweig leitet sich vom Methodismus der Britischen Inseln ab und der andere, die Evangelisch-methodistische Kirche (United Methodist Church), von den Vereinigten Staaten. Die Evangelisch-methodistische Kirche hat vier Bischofssprengel: Nordeuropa, die Gemeinschaft Unabhängiger Staaten, Deutschland und Mittel- und Südeuropa. Kirchen, die der britischen Tradition entstammen, sind entweder unabhängige Kirchen geworden (Italien, Portugal) oder sind in Vereinigten Kirchen aufgegangen (z. B. Frankreich, Belgien, Spanien).

5 Biblische Grundlagen und konstitutive theologische Einsichten

5.1 Biblische Orientierung

5.1.1 Das Alte Testament spricht von dem einen Volk Gottes – Israel – inmitten der Völkerwelt. Aus allen Völkern erwählt sich Gott in seiner Freiheit dieses *eine* Volk als *sein* Volk. Indem er es »herauswählt«, schließt JHWH mit ihm einen Bund (Ex 19,3; Dtn 7,6). Diese Erwählung und dieser Bund werden von Gott aufrecht erhalten auch in den Zeiten der Untreue, der Abkehr von Gott, wie sie von den Propheten immer wieder beklagt werden.

5.1.2 Die geschichtliche und die theologische Situation sind freilich differenzierter zu sehen, da es nicht von Anfang an eine Identität von einem theologisch verstandenen »Volk Gottes« und der geschichtlichen Größe »Staat Israel« gegeben hat. Die Staatsgründung erfolgte erst später. Auch wurde in der Königszeit diese Identität wegen des Ungehorsams von König und Volk gegenüber dem Bundesgott immer wieder in Frage gestellt. Seit dem Exil kam es zu einer deutlicheren Unterscheidung zwischen Volk und Staat Israel. Auch das Verhältnis zwischen dem einen Volk und den Völkern veränderte sich. Einige Grundlinien lassen sich aber deutlich nachzeichnen.

5.1.3 Israel bekennt seinen Gott zugleich als Gott aller Völker (Ps 98). Die Propheten wenden sich auch an die fremden Völker (Jes 13–23; Jer 46–51; Ez 25–32). In den Völkertafeln (z. B. Gen 11) werden die Beziehungen der Völker untereinander, zum Volk Israel und damit zu JHWH dargestellt. Die Verheißung an Abraham setzt das Volk Gottes in Beziehung zu den anderen Völkern: In Abrahams Nachkommen werden alle Völker gesegnet (Gen 12,3).

5.1.4 Neben Bestrebungen, das Volk Israel gegenüber anderen Völkern eindeutig abzugrenzen (z. B. im Buch Esra), gab es die Erwartung (z. B. in den Büchern Ruth und Jona), dass auch andere Völker ähnlich oder ebenso wie Israel in den Heilsplan Gottes einbezogen werden. Vor allem ist dabei an die großen theologischen Visionen der Völkerwallfahrt zum Berg Zion (Jes 2,1–5; Mi 4,1–3) zu denken.

5.1.5 Wie im Neuen Testament die Evangelien berichten, weiß Jesus sich mit seiner Mission an Israel gewiesen. Er nimmt in seiner Verkündigung die alttestamentliche Erwartung vom Anbruch und von der Vollendung des Reiches Gottes auf. Dabei gibt er ihr eine für das jüdische Volk unerwartete Wendung, wenn er sagt: Das Reich Gottes ist schon herbeigekommen (Mk 1,15; vgl. Lk 11,20). Auch in der theologischen Tradition Israels wird die Ankunft des Reiches Gottes als ein Geschehen betrachtet, das allen Menschen gilt. Insofern war es folgerichtig, wenn Jesus sich verschiedentlich auch Menschen anderer Volkszugehörigkeit zugewandt hat (z. B. Mk 7,24–30 par.). Er hat damit zu erkennen gegeben, dass er das Reich Gottes nicht mehr auf die Grenzen Israels beschränkt sah. Vollends deutlich wird das im Licht des Geschehens vom Kreuz und von der Auferstehung Jesu Christi sowie in der Verkündigung des Apostels Paulus, der zugleich die Geschichte Israels zusammen mit der Geschichte des neuen Bundes reflektiert (Röm 9–11).

5.1.6 Aufgrund der Impulse, die sowohl von der Lebensgeschichte als auch von der Botschaft Jesu ausgingen, verstand die christliche Gemeinde sich selbst ebenso wie ihre missionarische Aufgabe als völkerübergreifend. Die Vision von der Völkerwallfahrt zum Zion wurde umgewandelt und ausgeweitet zu dem Auftrag, allen Völkern das Evangelium zu predigen (Apg 1,8; 8,10; vgl. Mt 28). Nachdrücklich wird in der Pfingstgeschichte (Apg 2) gezeigt, dass und wie das Evangelium Christi allen Völkern, Sprachen und Kulturen gilt.

5.1.7 Das Verhältnis Israels zu den zu Christus berufenen und bekehrten Angehörigen der Völker wird, vor allem bei Paulus und im Epheserbrief, intensiv reflektiert. Es wird allenthalben von »Brüdern« geredet. Die Heiden sind zum Gottesvolk hinzugetan, sagt Paulus (Röm 9–11). Israel verliert damit nicht seine einzigartige Stellung als Gottes erwähltes Volk. Gleichzeitig wird aber der Horizont erweitert. »Ganz Israel« (Röm 9–11) umfasst nun auch die Judenchristen und nicht mehr nur die Juden, die Jesus und seine Botschaft ablehnen. Die Erlösung Israels ist jedenfalls gebunden an den Zeitpunkt, da die »Fülle der Völker zum Heil gelangt ist« (Röm 11,25f).

5.1.8 In der anbrechenden Gottesherrschaft ist uns eine neue Zukunft eröffnet. Diese Zukunft hat eine doppelte Dimension. Sie ist einerseits gekennzeichnet durch den Gott, der sich in Jesus Christus offenbart, mit welchem jetzt schon das Reich Gottes angebrochen ist. Andererseits hat sie ihr letztes Ziel noch vor sich. Sie wird es dann erlangen, wenn das Reich Gottes in seiner Fülle – als Gericht und Gnade – erscheinen wird und durch Jesus Christus sich die Verheißung endgültig verwirklicht: »Siehe, ich mache alles neu« (Offb 21,5). In diesem geschichtlichen Raum vor der Vollendung der Zeiten sollen die Menschen die ihnen von Gott anvertraute Welt pflegen und gestalten.

5.2 Anmerkungen zum Verständnis von Kirche

5.2.1 Die mit dem 3. Artikel des Apostolikums geglaubte und bekannte »heilige christliche Kirche« ist in allen Bereichen der Menschheit daheim und Fremdling zugleich. Die zu ihr gehören, haben als die Gemeinschaft der Glaubenden »schon jetzt« Anteil am Reich Gottes. Darin liegt die »Vollmacht« der Kirche. Das prägt das persönliche Leben der Christen und Christinnen in Glaube, Liebe und Hoffnung. Was sie selbst als unverdientes Geschenk erfahren, wollen sie mit anderen teilen, in der Kirche und darüber hinaus. Da die Kirche an alle Menschen gewiesen ist, unabhängig davon, ob sie zu ihr gehören (2.Kor 5,19; 1.Tim

2,1 f), sind die Christen und Christinnen beauftragt, anderen offen und öffentlich zu bezeugen, was ihrem Leben Halt und Sinn gibt, und dies auch in der Verantwortung für eine humane Gesellschaft zu bewähren.

5.2.2 Christen und Christinnen wissen, dass dies immer nur zeichenhaft, stückweise, gebrochen gelingt. Auch sie sind noch nicht frei von der Verführung zu Unglauben, Selbstsucht und Hoffnungslosigkeit. Nicht dass es in der von Christus eröffneten Gemeinschaft an Gottes Zuwendung fehlt oder er seine Verheißung zurückzieht, sondern das, was Christen daraus machen – das lässt auch ein Leben in Glaube, Liebe und Hoffnung nur ein bedingt gelingendes und »vorläufiges« Leben sein. Seine Vollendung ist durch Gericht und Gnade hindurch verheißen.

5.2.3 Die Kirche hat teil an dieser Gebrochenheit. Sie ist Zeichen des Reiches Gottes, aber »noch nicht« seine Vollendung. Sie ist nicht das Reich Gottes selbst und darum vorläufig, das Vorletzte. Die universale Kirche Christi existiert in partikular, konfessionell, territorial oder national geprägten Kirchen. Das macht ihren Reichtum aus, aber auch ihre Begrenzung. Es gibt sie auch nur innerhalb einer Vielzahl höchst menschlicher Institutionen. Das verstärkt ihre Bedingtheit. Dennoch findet sich in den vielen Kirchen die eine, universale Kirche Christi. Das ist zu unterscheiden, aber es lässt sich nicht trennen. Diese Ambivalenz gehört zur Kirche. Sie bestärkt die Hoffnung auf wachsende Gemeinschaft in »versöhnter Verschiedenheit«, und sie nährt das Vertrauen auf das Letzte: die Vollendung das Reiches Gottes.

5.3 Anmerkungen zum Verständnis von Volk und Völkern

5.3.1 Die Existenz einer Pluralität von »Völkern«, d. h. von Menschengruppen, die jeweils nach Abstammung, Sprache, Land und Kultus zu einer »Einheit« zusammengefasst sind, wird im Alten Testament als geschichtliche Realität wahrgenommen. Unbeschadet seiner besonderen Geschichte mit Gott als das eine Volk Gottes kann Israel sogar ausdrücklich in diese Pluralität mit einbezogen werden. Die Pluralität von Völkern und ihr Verhältnis untereinander werden damit nüchtern in ihren Möglichkeiten und Gefährdungen gesehen. Die Vielfalt der Völker wird als Reichtum und zugleich als Zerstreuung und Trennung, als Möglichkeit gut nachbarschaftlicher Kooperation und gewaltsamer Auseinandersetzung und gegenseitiger Unterdrückung erfahren.

5.3.2 Weder aus den schöpfungstheologischen Aussagen, den Aussagen über die Beziehung zwischen Gott und seinem Volk Israel und die Beziehung zwischen dem Volk Israel und den anderen Völkern noch aus den eschatologischen Erwartungen lässt sich die Rede vom Volk als Schöpfungsordnung ableiten. Dass es Völker gibt, verdankt sich dem Schöpfungsreichtum, zugleich wird die Zerstreuung in der Völkerwelt auch als Gericht Gottes gedeutet.

5.3.3 Auch die Aussagen des Neuen Testamentes liegen auf dieser Linie. Die Völker gehören zu der von Gott geschaffenen und erhaltenen Welt. Als solche erfahren sie seine Güte und Zuwendung, unterstehen alle der Macht Gottes und werden von ihm zur Verantwortung gerufen. Staaten und Völker werden im Neuen Testament als Realitäten gesehen und ernst genommen (1.Kor 7,31). Dies gilt vor allem für die Zeugnisse aus der Zeit, in der sich die Kirche im Zurücktreten der Naherwartung nach ihrer Gestalt und ihren Aufgaben auf ihrem weiteren Weg durch die Geschichte zu fragen begann.

5.3.4 Zugleich werden sowohl für das Selbstverständnis des einzelnen Glaubenden als auch für das der christlichen Gemeinde in ihrer Gesamtheit die kulturellen und ethnischen Unterschiede relativiert. »Juden« wie »Griechen« sind durch Glaube und Taufe »Einer in Christus Jesus« geworden. »In Christus« leben heißt: Im Bereich des durch das Christusgeschehen bestimmten neuen Seins haben die alten, im sozialen Leben wirksamen Zwänge der Abgrenzung und Unterscheidung ihre die geschichtliche Existenz bestimmende Wirksamkeit verloren. So wird auch angesichts des Auftrags zur Verkündigung des Evangeliums die damals bedeutsame sozio-kulturelle Unterscheidung zwischen »Griechen« und »Barbaren« (Röm 1,14), also zwischen von der herrschenden Weltkultur geprägten und von ihr unberührten Menschen, gegenstandslos. Umgekehrt werden die bislang heidnischen »Völker« durch den Glauben an die Heilsbotschaft nicht zu »christlichen Völkern«, noch werden die bekehrten Griechen zu »christlichen Griechen«. Durch den Glauben an Christus werden sie zum Volk Gottes, zu einer Gemeinschaft, die sie als Leib Christi verstehen. Eine Übertragung des biblischen Gottesvolk-Gedankens auf einzelne Völker würde das angemessene Verständnis von Volk Gottes gerade verfehlen. Dieses beruht auf dem in lebendiger Glaubenserfahrung begründeten Selbstverständnis der Christen und Christinnen, zum einen, weltweiten, endzeitlich gesammelten Volk des einen Gottes zu gehören.

5.3.5 So hat sich eine theologische Einschätzung von »Volk« grundsätzlich daran zu orientieren, dass Christinnen und Christen sich in allen Bereichen des Lebens von Jesus Christus bestimmen lassen. Das Verstehen der Welt als Schöpfung Gottes, die Wahrnehmung der Strukturen und Ordnungen in dieser Welt, aber auch die Wahrnehmung der Gefährdung des Lebens und Zusammenlebens unter der Macht der Sünde, der neuen Möglichkeiten eines Lebens und Handelns in und aus Glaube, Liebe und Hoffnung erschließen sich von Gottes Heilshandeln in Jesus Christus her.

5.3.6 Mit der Schöpfung und der Bestimmung des Menschen zur Ebenbildlichkeit ist dem Menschen die Möglichkeit und der Auftrag gegeben, sich in der Welt zu entfalten und die Welt zu gestalten. Wir sind hineingestellt in eine bestimmte Zeit, einen bestimmten Raum, in bestimmte gesellschaftliche, politische und kulturelle Verhältnisse. Dies entspricht dem Willen des Schöpfers. Das Heilshandeln hebt die Bedingungen und Gegebenheiten dieser Welt ebenso wenig auf wie unsere Verantwortlichkeit in dieser Welt, sondern weist uns in einen angemessenen Umgang mit den schöpfungsgegebenen Bedingungen und Möglichkeiten und in die Wahrnehmung unserer geschöpflichen Verantwortung ein.

5.3.7 Es macht zugleich deutlich, dass diese Schöpfungsgegebenheiten in den Bereich des »Vorletzten« gehören. Dies bedeutet nicht, wie die Rede von den Schöpfungsordnungen ausgelegt wurde, dass spezifische geschichtliche Formen der Verwirklichung von Staat, Volk oder Nation als Gottes Ordnungen anzusehen sind. Vielmehr ist davon auszugehen, dass mit der Schöpfung bestimmte grundlegende Bedingungen und Möglichkeiten (z. B. der Mensch als individuelles und soziales Wesen) und die Notwendigkeit, sie zu gestalten (Grundaufgaben, Mandate), gegeben und aufgegeben sind. Jede konkrete Verwirklichung ist daraufhin zu befragen, ob sie dem in der Schrift bezeugten Willen Gottes entspricht. Jede Verwirklichung von Volk gilt als eine einerseits geschichtlich vorgegebene Größe, andererseits immer auch zu gestaltende Größe. Jedes Verständnis von Volk und jede Verwirklichung von Volk sind daraufhin zu befragen, inwiefern sie im Bereich des Vorletzten dem Leben dienen und der Liebe im Maß des Möglichen Raum geben.

5.3.8 In diesem Sinn kann Volk als eine geschichtlich gewachsene Gemeinschaft verstanden werden, die durch eine gemeinsame Sprache und Kultur, eine Erfahrungsgeschichte geprägt ist. Eine Bestimmung des Volkes aufgrund von Verwandtschaft oder von gemeinsamem Lebensraum mag zwar für das geschichtliche Entstehen von Völkern, das sich einer genauen Aufklärung entzieht, ein Wahrheitsmoment haben, ist aber insbesondere unter den Bedingungen der Moderne ungenau und unangemessen. Statt von gemeinsamem Lebensraum zu sprechen, erscheint es angemessener, den offeneren Begriff einer »Gemeinschaft in der Nähe« zu verwenden. Aufgrund der geschichtlich gewordenen Gemeinsamkeiten steht Volk, ohne dies romantisch zu überhöhen, immer auch für eine bestimmte, aber auch sich wandelnde und schwer zu bestimmende »Individualität«.

5.3.9 Dies erlaubt es, Völker voneinander zu unterscheiden. Volk ist zu verstehen als eine Gemeinschaft, in der wir beheimatet sind. Volk ist *ein* (nicht *der*) geschichtlicher Zusammenhang, an dem wir uns vorfinden und für dessen Gestaltung wir Mitverantwortung tragen. Volk ist immer auch ein Relationsbegriff, der bezogen ist auf und sich unterscheidet von anderen Formen von Gemeinschaft im engen (Familie) und im umfassenden Sinn (Menschheit). Zu befragen sind die Verwirklichungen von Volksgemeinschaft und das Verständnis von Volk daraufhin, ob sie in der Einsicht in ihre geschichtliche Bedingtheit, in ihren Charakter als »vorletzte Größe«, in ihren Innen- und Außenbeziehungen gleichwohl dem Leben dienlich sind.

5.4 Anmerkungen zum Verständnis von Nation

5.4.1 Wie gezeigt, ist von einem sehr differenzierten Begriff und von unterschiedlichen Einschätzungen von Nation auszugehen. Gleichwohl lässt sich zeigen, dass mit dem Begriff Nation grundlegende Bestimmungen und Funktionen verbunden sind, die in theologischer Perspektive kritisch zu würdigen sind.

5.4.2 Nationenbildung, Nationen und Nationalstaatlichkeit sind geschichtliche Realitäten, zu denen wir immer schon ins Verhältnis gesetzt sind und uns ins Verhältnis zu setzen haben. Die sehr unterschiedliche Realität von Nationen ist in einem Geflecht von anthropologischen Notwendigkeiten (z. B. Gruppenbildung, gemeinsame Verständigungsmöglichkeiten, Ordnung der Machtverhältnisse, der Innen- und Außenbeziehungen), menschlichen Entscheidungen und kontingenten und in ihrer Komplexität kausal nicht erklärbaren Entwicklungen entstanden. Für ihre Zielorientierung und Gestaltung haben wir als Einzelne und als Gemeinschaft einer Nation Mitverantwortung, nicht nur für die jeweils eigene, sondern in den Wechselwirkungen zwischen den Nationen auch für andere Nationen.

5.4.3 Deutlich wird aus der Geschichte, dass die mit der Entwicklung von Nationalbewusstsein und mit der Schaffung von Nationalstaaten verbundenen Intentionen und Wirkungen ambivalent sind. Nationen stellen einen Raum gemeinsamen Lebens, Erlebens und politischen, sozialen und kulturellen Gestaltens dar. Dieser Raum bietet Lebens- und Identifikationsmöglichkeiten. Die Kehrseite dieser positiv einzuschätzenden Möglichkeiten aber ist die Unterscheidung und auch Abgrenzung zu anderen Nationen, Völkern und Kulturen. So ist mit der Nation das Problem von Partikularität und Universalität, von Identifikation und Differenz aufgegeben. Nation kann zum Ort von Selbstbestimmung, aber auch auf sehr unterschiedliche Weise zum Ort von Selbstdurchsetzung gegenüber anderen werden. Nation kann zum Ort der Identitätsfindung und einer offenen Gemeinschaftsbildung, aber auch zum Ort der Ausgrenzung von Minderheiten und der Unterdrückung des »Fremden« werden. Nation kann zum Ort freier und verantwortlicher Selbstgestaltung und freier Religionsausübung werden, aber Nation kann auch hochstilisiert werden zu einer quasi-ontologischen und quasi-religiösen Größe, die unbedingte Gefolgschaft und Hingabe verlangt.

5.4.4 Wie für das Verständnis von Volk gilt auch für das Verständnis von Nation, dass in neutestamentlicher Sicht einerseits die schöpfungsgegebenen und geschichtlich sich entwickelnden Unterscheidungen in Völkern und Staaten ernst genommen, aber auch zugleich relativiert werden. Das gilt in gleicher Weise für die Einschätzung von Nationen als Nationalstaaten. Selbstverständlich finden sich im Alten und Neuen Testament keine unmittelbaren Aussagen zum Verständnis von Nation in ihrem modernen Sinn. Hier ist in der theologischen Urteilsbildung nach den im vorangehenden Abschnitt zu »Volk« aufgezeigten Grundsätzen zu verfahren. Im Lichte der Orientierung am Kriterium dessen, was dem Leben dient, lassen sich folgende theologische Leitlinien entwickeln:

5.4.5 Nation kann verstanden werden als eine *geschichtliche Erfahrungsgemeinschaft.* Das Gefühl der Zugehörigkeit zu einer Nation gründet in gemeinsamen Erfahrungen, die erinnert werden. Nation ist ein Ort gemeinsamer gegenwärtiger Erfahrungen. Mit der Nation verbinden sich Hoffnungen und Befürchtungen zukünftiger Erfahrungen. Erfahrung prägt das Selbstverständnis und das Selbstbewusstsein und den Umgang mit anderen. Für das Zusammenleben förderlich erweist sich eine Erfahrungsgemeinschaft dann, wenn sie an Ehrlichkeit, Nüchternheit und Authentizität orientiert ist und sich am eigenen und fremden Gelingen freut, aber auch ihr Misslingen nicht verdrängt, das Versagen nicht verschweigt und bereit ist, Schuld einzugestehen, und das Gedenken der Opfer nicht vergisst. Lebensdienlich nach innen und nach außen ist eine Nation, die das Recht und die Freiheit zu eigener Erfahrung anderen und sich selbst zugesteht, sich gegenseitiger Beziehung und Interpretation nicht verweigert und allen Mitgliedern die Teilhabe an der Erfahrungsgemeinschaft (Partizipation) gewährt.

5.4.6 Nation kann verstanden werden als eine *Sozialisationsgemeinschaft.* Zum Menschen gehört die Beheimatung. Sie prägt Sprache, Verhaltensweisen und Handlungsgewohnheiten, Wertvorstellungen und Sinnorientierungen, religiöse Einstellungen, die Lebensformen und den Lebensstil. Das geschieht implizit in Einübung und explizit in Bildung und Erziehung. So wird die Sozialisation in einer bestimmten Kultur und Religion zu einem wesentlichen Bezugspunkt der Gewinnung persönlicher Identität und der Teilhabe an der erfahrenen und zu gestaltenden gemeinsamen Identität innerhalb der Bezugsgruppen, innerhalb einer Nation. Lebensdienlich erweist sich solche Beheimatung in einer kulturellen (und auch religiösen) Identität dort, wo sie zum Angebot individueller Identitätsfindung wird und die Freiheit zu individuellen und pluralen Formen der Identitätsbestimmung lässt. Lebensdienlich ist die Identitätsfindung dort, wo sie sich in der Sozialität als Selbstwahrnehmung und Selbstbestimmung vollzieht und darin immer auch Wahl und Abgrenzung ist, sich aber nicht durch Ausgrenzung und Abwertung des Anderen stabilisiert. Dies gilt auch für die noch weniger als die eigene Identität fassbare kulturelle, nationale Identität. Kulturelle und nationale Identität sollen davon bestimmt sein, dass sie Freiheit zu pluralen Formen der Identität, zu Identifikation und Differenz gewähren. Sie sollten allen Mitgliedern einer Nation die Teilhabe an gemeinsamer Identität und ihrer Mitgestaltung ermöglichen, so dass Identität sich nach innen und außen als offen erweist.

5.4.7 Nation kann verstanden werden als eine *Verantwortungsgemeinschaft*. Neben den unterschiedlichen Bereichen privater und öffentlicher Verantwortung (z. B. Familie, Beruf, Kommunen) stellen die Nation und der Nationalstaat einen noch überschaubaren und mitzugestaltenden, aber keineswegs abgeschlossenen Verantwortungsbereich dar. Über die Nation hinaus sind wir in unterschiedliche Strukturierungen der Gemeinschaft von Nationen und auch in die Verantwortung für die eine Welt gestellt. Als förderlich erweist sich eine Nation dort, wo sie – durchaus auch bezogen auf ethnische Voraussetzungen und in der Achtung dieser Voraussetzungen (in einem Vielvölkerstaat) sowie bezogen auf die kulturellen Traditionen und in der Achtung dieser Bedingungen – ein Ort gemeinsamer Selbstbestimmung wird. Lebensdienlich ist die Nation als Verantwortungsgemeinschaft dort, wo sie sich nach innen und nach außen, in ihren Strukturen, Gesetzen und dem aktuellen politischen Handeln von der Zielvorstellung bestimmen lässt, Recht und Gerechtigkeit zu schaffen, den Frieden zu bewahren und zu gestalten und die Lebensgrundlagen für Mensch und Natur, nicht zuletzt im Interesse zukünftiger Generationen, zu bewahren. Als lebensdienlich erweist sich eine Nation ferner dort, wo sie zu einer Solidargemeinschaft wird, die die Schwächeren schützt und darin unterstützt, dass sie einen angemessenen Ort in der Gesellschaft finden (Subsidiarität), wo sich eine Nation nach innen und außen nicht nur als Interessengemeinschaft versteht, sondern bereit ist, sich für das Recht aller einzusetzen.

5.5 Spannungspotentiale

5.5.1 Im Blick auf die bisherigen Ausführungen soll unter theologischem Blickwinkel noch einmal darauf hingewiesen werden, dass der Protestantismus sich in einem doppelten Spannungsverhältnis befindet. Es besteht auf der einen Seite zwischen Vorletztem und Letztem. Die Gemeinde Jesu Christi ist einerseits eingebunden in die Geschichte von Volk, Staat und Nation. Daraus ergeben sich für die Kirchen Möglichkeiten und Aufgaben zur Gestaltung des Glaubens und des Lebens in dieser Welt. Zugleich ist die Gemeinde Jesu Christi aber verwiesen auf das Letzte, das Reich Gottes, das hier und jetzt schon seinen Anfang nimmt, in unserer Zeit anbricht und dessen Vollendung noch aussteht.

5.5.2 Ein zweites Spannungsverhältnis besteht zwischen der historischen Einwurzelung des Protestantismus in Volk, Staat und Nation und der Herausbildung von großen transnationalen und staatsübergreifenden Strukturen, die in der Wirtschaft, der Politik, aber auch in den weltweiten ökumenischen Organisationen sichtbar werden.

6 Gegenwärtige Herausforderungen

6.1 Die Gefahr des Nationalismus

6.1.1 Gerade wegen der Chancen, die mit Volk und Nation als einem möglichen Ort der Identitätsfindung, der Sozialisation und gemeinschaftlicher Verantwortung gegeben sind, dürfen auch die Gefährdungen nicht übersehen werden. Darauf ist bereits hingewiesen worden. Schmerzliche Erfahrungen der jüngeren Vergangenheit wie auch der unmittelbaren Gegenwart lassen die Fehlentwicklungen umso deutlicher hervortreten, die ihre Wurzeln in einem übersteigerten Verständnis von Nation haben.

Wird die Zugehörigkeit zu einem Volk oder einer Nation religiös oder ideologisch überhöht und damit in den Rang eines Wertekanons mit unbedingter Geltung erhoben, so kann das zu einem Nationalismus führen, der ein erhebliches Bedrohungspotential darstellt. Es gibt ein durchaus verständliches Nationalgefühl und auch ein gesundes Nationalbewusstsein; das soll weder bestritten noch diskreditiert werden. Davon zu unterscheiden ist jedoch ein Nationalismus, der zur Ideologie entartet, sich selbst absolut setzt und zu Unterdrückung und Gewaltherrschaft führt. Ein solcher Nationalismus ist nicht akzeptabel.

6.1.2 Dass der Nationalismus die genannten Tendenzen in sich trägt, ist nicht neu. Im Europa nach der Wende 1989 sind sie erneut und verstärkt zu Tage getreten. Ungelöste Fragen nationaler Eigenständigkeit und ethnischer Selbstbestimmung melden sich nachdrücklich zu Wort. Unter dem Gewicht des jahrzehntelangen Ost-West-Konfliktes sind sie offensichtlich nur verdrängt, wenn nicht unterdrückt worden; wirklich aufgearbeitet wurden sie jedoch nicht. Nach dem Ende des globalen Gegensatzes ist das Bewusstsein ethnischer und nationaler Identität vielfach neu erwacht.

Wie dies in einen fundamentalistischen und aggressiven Nationalismus umschlagen kann, haben die Ereignisse im früheren

Jugoslawien gezeigt. Ein solcher Nationalismus lässt sich nur zu leicht politisch instrumentalisieren. Nationale Konflikte und kriegerische Auseinandersetzungen im Dienst einer menschenverachtenden Politik »ethnischer Säuberung« waren die Folge. Die Auswirkungen sind verheerend. Sie bedeuten für unzählige unschuldig Betroffene Vertreibung, Elend und Tod, ziehen eine ganze Region in Mitleidenschaft und werden zum Krisenherd für Europa.

Nicht nur in den bekannten Konfliktgebieten, auch anderswo in Europa drängen oft tief verwurzelte, nationalistisch motivierte Einstellungen in die Öffentlichkeit, um in der Gesellschaft Einfluss zu gewinnen. Sie nehmen dazu die demokratisch verfassten Rechte auf Meinungs- und Demonstrationsfreiheit in Anspruch. Das hält sie jedoch nicht davon ab, die gesuchten Gegner zu verunglimpfen und zu bedrohen. Auch vor brutaler Gewalt schrecken sie nicht zurück.

Nationalistische Einstellungen werden damit in manchen Ländern zur Gefahr für die Sicherheit und das friedliche Zusammenleben der Menschen. Sie gründen häufig in einem völlig überzogenen, ideologisch aufgeladenen nationalen Selbstbewusstsein. Es sieht das eigene Volk gegenüber anderen ethnischen Gruppen durch »von Natur aus« gegebene besondere Eigenschaften und Fähigkeiten als höherwertig an. Daraus werden ebenso irrationale Vorurteile gegenüber anderen Völkern abgeleitet. Sie können zur Unterdrückung ethnischer Minderheiten und zur Verachtung alles Fremden führen, das sich durch Rasse oder Hautfarbe, Volkszugehörigkeit oder Kultur unterscheidet.

6.1.3 Die Kirchen haben allen Anlass, solchen Entwicklungen entgegenzutreten. Nationalistische Ideen und Einstellungen haben sich in der Vergangenheit verschiedentlich auch unter ihrem Einfluss und mit ihrer Beteiligung entwickelt. Manche Kirchen haben nationalen Minderheiten in ihrem Kampf um das Überleben zur Seite gestanden. Andere haben unter Einsatz ihrer Theologie einem überzogenen und vor der Heiligen Schrift nicht zu verantwortenden Nationalismus das Wort geredet, dessen zerstörerische Wirkung sie selbst oft erst spät erkannt haben. Oder sie haben sich auf Bündnisse mit den Inhabern staatlicher Macht eingelassen, die den Kirchen um ihrer selbst willen geboten erschienen. Ethnische und religiöse Minderheiten wurden dadurch benachteiligt, wenn ihnen z.B. unter Hinweis auf die bestehenden Verbindungen von Staat und Kirche das Recht auf freie Religionsausübung nicht oder nur mit Einschränkung zuerkannt wurde.

Die oft schmerzlichen Lehren aus ihrer eigenen Geschichte sollten die Kirchen heute bewegen, umso wachsamer gegenüber verhängnisvollem nationalistischem Gedankengut zu sein und sich umso entschlossener für diskriminierte Minderheiten einzusetzen. Die Christen und Christinnen und ihre Kirchen bringen die Zumutung und Herausforderung des Evangeliums zur Geltung, wenn sie das menschenwürdige Leben aller Menschen als unverzichtbares Ziel der Gesellschaft fördern. Der Respekt und die Achtung vor dem und der Fremden sind die Grundlage eines gelingenden Zusammenlebens, in dem die eigene Identität gewahrt ist und Unterschiede in Sprache, Hautfarbe und Religion keine unüberwindbaren Barrieren bleiben. Fremdenfeindlichkeit nimmt dagegen anderen ihre Menschenwürde. Wer es darauf abgesehen hat, beraubt sich dieser Würde selbst. Christen dürfen nicht müde werden, in der Gesellschaft dies bewusst zu machen.

Nach wie vor kommen Fremde in großer Zahl und aus unterschiedlichen Gründen in die europäischen Länder. Auch wenn sie nicht immer Anspruch auf ein Bleiberecht haben, ein Anrecht auf ein geordnetes Verfahren, in dem ihre Gründe angehört und ihre persönlichen Lebensumstände geprüft werden, haben sie dennoch. Fremde sind keine politische Manövriermasse. Ihre Aufnahme als Flüchtlinge kann darum nicht allein davon abhängig gemacht werden, ob »das Boot voll« ist oder ob sie für die Wirtschaft eines Landes brauchbar sind. So lassen sich nationalistische und fremdenfeindliche Antipathien in der Bevölkerung nicht überwinden.

Wo es staatlichen Behörden an der nötigen Sensibilität und Sorgfalt fehlt, ist, wie die Erfahrungen zeigen, die Beistandspflicht der Christen und der Kirchen geboten. Sie setzen damit

Zeichen für eine »Kultur der Barmherzigkeit« gegen die zunehmende Entsolidarisierung in der Gesellschaft. Auch darin bringen sie die Zumutung und Herausforderung des Evangeliums zur Geltung.

6.2 Kriterien für den Umgang der Kirchen mit Volk, Nation, Staat und Gesellschaft

6.2.1 Indem die Kirchen ihre Stellung und ihre Aufgaben zum Nationalismus bedenken, wird ihnen zugleich empfohlen, für ihren Umgang mit Volk, Nation, Staat und Gesellschaft grundsätzliche Kriterien zu entwickeln.

6.2.2 Im vorangehenden Abschnitt 5 wurden als Leitlinien christlichen Lebens und Handelns herausgestellt:

- In allen Bereichen unseres Lebens sollen wir uns von Jesus Christus bestimmen lassen. Das Verstehen der Welt als Schöpfung Gottes, die Wahrnehmung der Strukturen und Ordnungen in dieser Welt, aber auch die Wahrnehmung der Gefährdung des Lebens und Zusammenlebens unter der Macht der Sünde, der neuen Möglichkeiten eines Lebens und Handelns in und aus Glaube, Liebe und Hoffnung erschließen sich von Gottes Heilshandeln in Jesus Christus her.

6.2.3 In kritischer Aufnahme und Weiterführung der Unterscheidung und Zuordnung der beiden Reiche und Regimente entspricht christlicher Verantwortungsübernahme ein Reden und Handeln, das im Bereich des Vorletzten dem Leben dienen will und der Liebe im Maß des Möglichen Raum gibt.

- Als lebensdienlich und an der Liebe orientiert erweist sich ein Reden und Handeln, das sich dafür einsetzt, Recht und Gerechtigkeit zu schaffen, den Frieden zu bewahren und zu gestalten und die Lebensgrundlagen für Mensch und Natur, nicht zuletzt im Interesse zukünftiger Generationen, zu bewahren.

- Als lebensdienlich und an der Liebe orientiert erweist sich ein Reden und Handeln, das die Schwächeren darin unterstützt, dass sie in der Gesellschaft und in der Gemeinschaft der Staaten gleiche Lebensrechte und Chancen haben.
- Als lebensdienlich und an der Liebe orientiert erweist sich ein Reden und Handeln, das für die Schwächeren eintritt und bereit ist, ihnen innerhalb der Gesellschaft und in der Weltgemeinschaft Chancengleichheit zu eröffnen und konkret zu helfen.

6.2.4 Die *folgenden Kriterien* verstehen sich als Zumutungen und Herausforderungen, die sich dem Zuspruch und Anspruch des Wortes Gottes verdanken. Gemäß der mit dem Evangelium verbundenen Verantwortung und geleitet vom Geist, der in alle Wahrheit führt, gelten sie für die Kirchen und alles Volk. Diesen Zumutungen und Herausforderungen haben sich die Kirchen selbst zu stellen. Sie haben diese in die öffentliche Diskussion einzubringen, und mit ihnen haben sie schließlich auch die gesellschaftlichen Gruppen einschließlich der staatslenkenden Organe zu konfrontieren.

Wir freuen uns über die Übereinstimmungen mit allgemein in Gesellschaften gewonnenen und anerkannten Einsichten, vor allem dort, wo die Frage nach dem Lebensdienlichen gestellt wird. Das spezifisch Christliche zeigt sich in der Begründung dieser Kriterien aus dem Glauben. Es zeigt sich in der sich daraus ergebenden spezifischen Charakterisierung der Kriterien, insbesondere in seiner Orientierung an dem »im Maß der Liebe Möglichen«. Das hat die Betonung der Kriterien Sozialität, Subsidiarität und Solidarität in allen Bereichen unseres Lebens zur Konsequenz.

- *Freiheit*

Die Kirchen bringen die Zumutung und Herausforderung des Evangeliums zur Geltung, einer recht verstandenen Freiheit in allen Lebensbereichen Ausdruck zu verschaffen. Entsprechend dem christlichen Freiheitsverständnis weist uns die geschenkte und gewährte Freiheit in unsere Verantwortung für den Nächsten ein. In der kleinen Einheit der individuellen Existenz und in den größeren Einheiten der Familie, des Volkes und des Staates ist das ursprüngliche Begehren des Menschen nach freier Lebensgestaltung zu fördern. Ihre Grenze findet diese Freiheit in der Achtung der Freiheit der anderen. Dies hat sich in der Gestaltung von Gesellschaft und Staat, in Volk und Nation und nicht zuletzt in den Kirchen zu bewähren.

- *Gleichheit*
Die Kirchen bringen die Zumutung und Herausforderung des Evangeliums zur Geltung, Wege der Gerechtigkeit im Sinne eines allen Menschen möglichen, ausreichenden Zugangs zu den Ressourcen dieser Erde zu eröffnen. Das menschenwürdige Leben aller Menschen ist als unverzichtbares Ziel zu fördern. Der Respekt und die Achtung vor dem Fremden und das Lernen von ihm sind bei Wahrung eigener Identität die Grundlage für gelingende Gemeinschaft über alle Grenzen der Volks- und Staatszugehörigkeit sowie der Sprache, Hautfarbe und religiösen Prägung hinweg.

- *Nachhaltigkeit*
Die Kirchen bringen die Zumutung und Herausforderung des Evangeliums zur Geltung, die Überlebensfähigkeit von Mensch und Natur nach allen Kräften zu fördern. Deshalb ist es nötig, die Welt als gemeinsamen Lebensraum der Menschheit wahrzunehmen, die Schöpfung zu bewahren und das Leben der eigenen Generation in unlösbarem Zusammenhang künftigen Lebens auf der Erde zu erkennen.

- *Partizipation*
Die Kirchen bringen die Zumutung und Herausforderung des Evangeliums zur Geltung, das Recht aller Menschen auf Teilhabe an den Entscheidungsprozessen in der Gesellschaft sicherzustellen. Sie erkennen insbesondere in der Staatsform der Demokratie ein zu diesem Zweck geeignetes Instrumentarium.

- *Sicherheit*
Die Kirchen bringen die Zumutung und Herausforderung des Evangeliums zur Geltung, angesichts der vielfältigen inneren und äußeren Verunsicherungen dem Bedürfnis der Menschen nach elementaren Sicherheiten Rechnung zu tragen: die Integrität staatlicher Grenzen sicherzustellen, menschenwürdige soziale Lebensumstände zu ermöglichen und einen Gestaltungsspielraum des persönlichen Lebens zu gewährleisten.

- *Solidarität*
Die Kirchen bringen die Zumutung und Herausforderung des Evangeliums zur Geltung, in ihrer Mitte und innerhalb der Gesellschaften die Geschwisterlichkeit zu fördern. Gegen die drohende und zunehmende Entsolidarisierung der Gesellschaft erkennen sie in einer »Kultur der Barmherzigkeit« ein erstrebenswertes Ziel.

6.2.5 Die genannten Kriterien finden in ihrer wechselseitigen Ergänzung und Durchdringung ihre gemeinsame Zuspitzung im Begriff der *Koinonia*. Damit ist zunächst die konkrete Existenz der Christen und Christinnen in den Kirchen und ihr Auftrag angesprochen, einander zu fördern und gelingendes Zusammenleben zu gestalten. In dieser exemplarischen Koinonia-Existenz sollen die Kirchen ein öffentliches Zeugnis ihres Verständnisses von wahrer Gemeinschaft geben. Sie sollen durch Wort und Tat Auskunft über ihr Wissen um ein Leben in Gemeinschaft im Horizont des Reiches Gottes geben. Auf diese Weise begeben sich die Kirchen auf den Weg eines Prozesses, auf dem sie nach irdischen Gleichnissen der Koinonia suchen, deren Inbegriff der dreieinige Gott selbst ist. Indem die Kirchen sich selbst und die Öffentlichkeit bei der Koinonia-Existenz behaften, kommen sie ihrem Auftrag nach, nämlich »an Christi Statt und also im Dienst seines eigenen Wortes und Werkes … die Botschaft von der freien Gnade Gottes auszurichten an alles Volk« (Barmer Theologische Erklärung von 1934, These 6). Weil die Kirchen aber bei der Wahrnehmung ihres Auftrags auch immer wieder versagen, stehen sie unter dem Gericht Gottes und sind auf sein Erbarmen angewiesen.

6.2.6 Kirche ist beides: geschichtliche Gemeinschaft vor Ort und weltweit. Der Auftrag der Kirche hat sich deshalb sowohl in den Kirchen und Gemeinden vor Ort als auch in der weltweiten Gemeinschaft zu bewähren. Daraus ergibt sich eine präzise Aufgabenstellung. Die Kirchen haben die Aufgabe, sich für die Gestaltung der Gesellschaft und des Staates sowie der internationalen Ordnungen einzusetzen. Sie stehen dabei nicht beobachtend am Rande, sondern haben selbst teil an den heutigen Übergangsprozessen. Sich in dieser Weise einzubringen, zieht folgende Forderungen nach sich:

- die Marktwirtschaft nach sozialen und gerechten Kriterien zu gestalten;
- die »Globalisierung« zu humanisieren, d. h. sie für Mensch und Natur verträglich zu gestalten;
- die Wirtschaftsordnungen der einzelnen Nationen zu schützen vor totalitärer Abhängigkeit von außen (dabei müssen sich die Kirchen darüber verständigen, für welche nationalen und internationalen wirtschaftlichen Konzepte und Regelungen sie gemeinsam eintreten. Dazu ist der Dialog mit Verantwortlichen aus Politik und Wirtschaft, auch in den Gemeinden vor Ort, zu führen);
- Demokratie und Rechtsstaatlichkeit zu fördern;
- die Menschenrechte einzuhalten;
- die Vielfalt der Minderheiten zu pflegen, aber auch die Minderheiten an ihre Verantwortung für das Gespräch und die gegenseitige Verständigung zu erinnern (dabei müssen die Kirchen den Staaten und Gesellschaften immer wieder deutlich machen, dass es grundlegende Einsichten, Werte und Rechte gibt, die in jedem Staat und jeder Nation geachtet und geschützt werden sollen. Die Kirchen selbst sollten sich deshalb auf ihren Auftrag zur »politischen Diakonie« besinnen – z. B. durch ihr Eintreten für die Menschenrechte und ihren Einsatz für Flüchtlinge und Asylsuchende – und sich an Akti-

vitäten beteiligen, ein friedliches, gerechtes und zivilisiertes Zusammenleben aller zu erreichen).

6.2.7 Forderungen der Kirchen an Staat und Gesellschaft können von diesen als Zumutung empfunden werden. Die Kirchen dürfen sich davor nicht scheuen, wenn ihnen ihr Auftrag dies gebietet. Glaubwürdig werden sie darin auf Dauer jedoch nur sein, wenn sie keinen Zweifel daran lassen, dass sie auch selbst bereit sind, im Bereich ihrer Möglichkeiten Verantwortung zu übernehmen.

- Dazu gehört die Art, wie die Kirchen selbst auf die wirtschaftlichen Herausforderungen reagieren;
- dazu gehört die Art, wie die Kirchen mit Minderheiten in ihren eigenen Reihen umgehen.

6.2.8 Die Kirchen müssen aufmerksam bleiben, ob Staaten und Gesellschaften wirklich etwas von ihnen erwarten oder ob sie für politische und wirtschaftliche Ziele instrumentalisiert werden. Um dieser Gefahr zu entgehen, benötigen die Kirchen einen umfassenden Austausch und Dialog untereinander.

6.3 Stellung und Aufgaben der Leuenberger Kirchengemeinschaft im zusammenwachsenden Europa

6.3.1 Der Gedanke der europäischen Einigung

Die protestantischen Kirchen beginnen erst allmählich, sich mit dem Europagedanken und der Geschichte des zusammenwachsenden Europas auseinanderzusetzen. In der Sehnsucht nach friedlichem Zusammenleben wurde nach dem Zweiten Weltkrieg in Westeuropa die Europäische Wirtschaftsgemeinschaft gegründet. Gegenwärtig gibt es eine wachsende Hoffnung, dass eine deutlich politischere Einheit und eine kulturelle Identität gefunden werden können. Gleichzeitig besteht der Wunsch von Ländern in Mittel- und Osteuropa sowie im Mittelmeerraum, Teil dieser Europäischen Union zu werden.

Auch der Prozess der Globalisierung bringt neue Fragestellungen mit sich. Die Einigung Europas und die Globalisierung bergen sowohl Chancen als auch Konflikte für die europäischen Gesellschaften. Die erweiterte Europäische Union wird sich zwischen nationalstaatlichen Strukturen und weltweiten Netzwerken, die die Globalisierung mit sich bringt, wiederfinden. Während diese Prozesse voranschreiten, ist die Frage: Was können und sollen die evangelischen Kirchen einbringen? Welchen Platz haben sie selbst auf der europäischen Ebene?

Gegen Irritationen und Fragwürdigkeiten des europäischen Prozesses nehmen die Kirchen der Leuenberger Kirchengemeinschaft dankbar zur Kenntnis, dass mit dem Ziel der europäischen Integration Menschen, Gruppen und Institutionen versuchen, zwischen Nationalismus und Globalität Lebensbedingungen menschlich zu gestalten. Eine europäische Rolle ist anerkannt bei der gemeinsamen Krisenbewältigung und Konfliktregelung. Dass dies gelingt, dazu wollen die Kirchen der Leuenberger Kirchengemeinschaft ihren Beitrag leisten. Sie gehen dabei von ihrer reformatorischen Tradition aus, die mit der Geschichte Europas eng verbunden ist. Trotz ihrer unterschiedlichen Erfahrungen haben sie ein gemeinsames Verständnis des Evangeliums. Sie bemühen sich um die Gemeinschaft in Zeugnis und Dienst. Ein Ausdruck dafür ist die Leuenberger Konkordie.

6.3.2 Anwesenheit Gottes

Die Botschaft von der Rechtfertigung »macht die Christen frei zu verantwortlichem Dienst in der Welt … Sie erkennen, dass Gottes fordernder und gebender Wille die ganze Welt umfasst. Sie treten ein für irdische Gerechtigkeit und Frieden zwischen den einzelnen Menschen und unter den Völkern« (Leuenberger Konkordie, Ziff. 11). Es ist unsere Hoffnung, dass auch in dem politischen Projekt eines säkularisierten Europas, in den Geschichten des Aufbruchs und Gelingens wie in den unverschuldeten und selbstverschuldeten Katastrophen Gott gegen allen Augenschein anwesend ist, die Erwartungen der Menschen trägt und sie nach seinem Willen leitet.

Aus dieser Hoffnung erwächst Europa kein besonderer Sendungsauftrag, sondern die Aufgabe, einen Beitrag für weltweite Gerechtigkeit, Frieden und Bewahrung der Schöpfung zu leisten. Das Vertrauen auf die Anwesenheit Gottes führt zum Protest gegen die falschen Götter, gegen jede Mystifizierung, Mythisierung und auch gegen jede ideologische Überhöhung Europas. Denn solche Überhöhungen entziehen die Arbeit am Projekt Europa dem politischen Diskurs und lassen die Gefahr entstehen, dass Kritik an Europa unterbunden wird und dieses nach außen gegen andere Kontinente abgeschottet und zu einer Festung gemacht wird. Europa braucht indes das Zeugnis von einem Gott, der dem Menschen wirkliche Nähe gewährt, damit dieser seinem Nächsten helfen kann. Dieses Gottesverständnis schließt ein, mit den Glaubensvorstellungen anderer in Kontakt zu kommen. Die Leuenberger Kirchengemeinschaft ist davon bestimmt, dass in unterschiedlichen Traditionen und im Austausch darüber die Nähe Gottes in Erfahrung gebracht, erlebt und erkannt werden kann.

6.3.3 Begegnung mit dem Anderen

Das zusammenwachsende Europa bringt Menschen und Staaten, Nationen und Völker einander nahe, manchmal näher, als ihnen lieb ist, näher, als sie es ertragen können. Die Ängste davor sind verständlich. Sie haben auch in den Kirchen der Leuenberger Kirchengemeinschaft eine Rolle gespielt. Es war ein langer und mühseliger Weg, diese Ängste zu bearbeiten und zu überwinden. Wo Angst war, ist an vielen Stellen im Laufe der Begegnungen Vertrauen gewachsen, das dazu verhilft, den Anderen besser wahrzunehmen und schätzen zu lernen.

Mit der Europäischen Gemeinschaft verbindet sich gelegentlich die Sorge, dass die Eigenständigkeit der einzelnen Menschen wie der Staaten zugunsten einer fernen und zentralistischen Bürokratie aufgegeben werden muss. Europa ist aber ein Rahmen, der Begegnungen ermöglicht, Unterschiede als Bereicherung erleben lässt, in dem die Vielfalt bewahrt und Differenzen, die nicht überwunden werden können, ausgehalten werden. Das muss weiterentwickelt werden mit mehr Demokratie und Transparenz in den EU-Institutionen. In diesem Prozess tritt der Protestantismus besonders für die subjekt-unmittelbaren Rechte des Einzelnen ein und achtet auf den Schutz für Minderheiten.

6.3.4 Ethik im Umgang mit den Differenzen

Europa hat keine einheitliche Identität, sondern ist geprägt von einer Vielzahl unterschiedlicher Traditionen und auch leidvoller Differenzen, die es zu bearbeiten hat. So hat es einen Lebensraum zu schaffen, in dem unterschiedliche Nationen und Kulturen sich begegnen können. Wo politische, wirtschaftliche, kulturelle und religiöse Differenzen zerstörerisch werden, hat Europa dafür zu sorgen, dass sie nach Möglichkeit überwunden und für die Menschen erträglich gestaltet werden. Im gleichen Maße ist es notwendig, die europäischen Institutionen in einem demokratischen Prozess gesellschaftlich zu verankern und die Beteiligung der Bürger Europas an politischen Entwicklungen zu gewährleisten. Dafür ist die im Dezember 2000 in Nizza unterzeichnete »Charta der Grundrechte der Europäischen Union« ein wesentlicher Schritt. Besonders im Protestantismus sind die Einbeziehung des Einzelnen und seine Verantwortung für die Gesellschaft von großer Bedeutung für ein neues Europa als Zivil- und Rechtsgemeinschaft.

Wie wichtig solche gesamteuropäischen Regulierungssysteme sind, zeigt z. B. das Problem der Arbeitslosigkeit. Sie ist nicht nur ein nationales Problem. Die Gefahren der Arbeitslosigkeit bedrohen Europa im Ganzen. Der Wettbewerb der Staaten, die durch nationale Steuergesetze wie Wirtschaftsunternehmen agieren, verschärft den Kampf um Arbeit und lässt wiederum nationale Vorurteile und Abgrenzungen entstehen. Damit werden auf gesamteuropäischer Ebene keine neuen Arbeitsplätze geschaffen, sondern die Probleme lediglich verlagert. Es gilt darauf zu achten, dass Europa sich nicht in den europäischen Institutionen erschöpft und dass die europäische Integration nur ein Teil eines weltweiten Prozesses von Aussöhnung und wirtschaftlicher Teilhabe sein darf.

6.3.5 Protestantismus im Transformationsprozess

Das derzeitige Europa ist, wie beschrieben, für den europäischen Protestantismus ein relativ neues Thema. Es ist möglich, sich ihm wegen seiner Komplexität und Unüberschaubarkeit zu verweigern. Wie jedoch der Protestantismus in seiner Geschichte grundsätzlich weltoffen war, sollte die Leuenberger Kirchengemeinschaft europazugewandt bleiben und sich herausfordern lassen, protestantische Traditionen gelebter, befreiender Gotteserfahrung im Kontext des europäischen Integrationsprozesses weiterzuentwickeln. Dazu wird es auch notwendig sein, neben dem spannungsvollen Verhältnis von Kirche, Volk, Staat und Nation auch andere Ambivalenzen dieser Tradition kritisch zu bearbeiten. So verlangt die besondere Verbindung von Sprache, Kultur und Religion im Protestantismus eine sorgfältige Beachtung und gemeinsame Bearbeitung aller daraus entstehenden Probleme, etwa der Sprachenkonflikte oder der Minderheitenfragen in den europäischen Staaten.

Dankbar die eigenen Traditionen wahrnehmen und weiterentwickeln, ihre Ambivalenzen bearbeiten, gemeinsam Erfahrungen machen und im Licht des Evangeliums deuten – darauf baut die Leuenberger Kirchengemeinschaft auf. Daraus sind Bindungen zwischen den Kirchen gewachsen und tragfähige Strukturen für diese Gemeinschaft entstanden. All das sollte genutzt werden, um dem Protestantismus in Europa und für Europa eine Stimme zu geben, die unter den vielen Stimmen auf dem Kontinent gehört wird. Gebraucht wird für die evangelischen Kirchen in Europa ein Netzwerk, das hilfreiche Verbindungen schafft. Es müssen Strukturen aufgebaut werden, in denen sich evangelische Positionen und Perspektiven auch über die Kirchen hinaus kommunizieren lassen. Es müssen Leitbilder für Europa entwickelt werden, die in kritischer Solidarität über das Projekt der Integration der Europäischen Union hinausführen.

6.3.6 Ökumenische Verantwortung

Mit der Leuenberger Konkordie haben sich die reformatorischen Kirchen verpflichtet, »der ökumenischen Gemeinschaft aller christlichen Kirchen zu dienen« (Leuenberger Konkordie,

Ziff. 46). Europa ist Herausforderung und Chance zugleich, um diese Verpflichtung einzulösen. Es ist Aufgabe aller, die hier leben, ungeachtet ihrer Religion und Weltanschauung, Europa als gemeinsamen Lebensraum zu gestalten. Was Christen dazu beizutragen haben, kann auf Dauer nur wirksam werden, wenn sie über Kirchen- und Konfessionsgrenzen hinweg gemeinsam ihre Mitverantwortung wahrnehmen. Die beiden Europäischen Ökumenischen Versammlungen in Basel 1989 und Graz 1997 sowie die Begegnungen zwischen der Konferenz Europäischer Kirchen (KEK) und dem Rat der (römisch-katholischen) Europäischen Bischofskonferenzen (CCEE, Consilium Conferentiarum Episcopalium Europae) sind hoffnungsvolle Signale dafür, dass die Zukunft Europas als ökumenische Aufgabe verstanden wird.

In Folge der dort gefassten Beschlüsse verständigten sich die KEK und das CCEE auf die »Charta Oecumenica – Leitlinien für die wachsende Zusammenarbeit unter den Kirchen in Europa« (2001). Dieses Dokument beschreibt grundlegende ökumenische Aufgaben und entwickelt daraus Leitlinien und Verpflichtungen. Schwerpunkte sind der »Weg zur sichtbaren Gemeinschaft der Kirchen in Europa« und »Unsere gemeinsame Verantwortung in Europa«. Auf dieser Basis sollten die Kirchen der Leuenberger Kirchengemeinschaft auch das Verhältnis von Kirche, Volk, Staat und Nation mit ihren ökumenischen Partnern weiter diskutieren.

Dazu gehört auch das Gespräch über andere als den Protestanten vertraute Visionen von Europa. Unter Berufung auf die Geschichte des christlichen Abendlandes hat z. B. die römisch-katholische Kirche das Konzept einer Re-Evangelisierung Europas entwickelt. Dabei sollte es nicht um eine Rechristianisierung oder Rekatholisierung Europas gehen, sondern um die europäische Inkulturation des Evangeliums, also um die besondere Form der Verkündigung der frohen Botschaft in Europa. Dass Europa christliche Wurzeln hat, ist unstrittig. Von ihnen kann jedoch nicht gesprochen werden, ohne die Pluralität und die Differenzen christlicher Kirchen bis hin zu ihrer Trennung einzubeziehen. Ebenso wenig darf aber der allen Christen gemeinsam gegebene Auftrag zur Verkündigung des Evangeliums in Zeugnis und Dienst verwechselt werden mit der Vorstellung einer wiederherzustellenden abendländisch-christlichen Gesellschaftsordnung.

Darum brauchen die christlichen Kirchen einen Dialog über die Zukunft Europas, der auch ihre unterschiedlichen Erwartungen aufnimmt und den Austausch untereinander zugleich so unentbehrlich macht, dass er zum Element der eigenen Kirche wird. Innerhalb der Leuenberger Kirchengemeinschaft wurden bereits Erfahrungen mit einem solchen Dialog gemacht, die genutzt und vertieft werden können. Die Leuenberger Kirchen sollten Begegnungen mit jenen suchen, die für Europas zukünftige Gestalt Verantwortung tragen, sowohl im eigenen Land als auch auf europäischer Ebene. Erfahrungen und Ergebnisse dieser Begegnungen sollten in die Zusammenarbeit der Kirchen in Europa wie in die regionale Ökumene eingebracht werden.

A Mehrsprachiges Glossar zu den Begriffen Volk, Staat und Nation

1 Deutsch

1.1 Staat

1.1.1 Das Wort Staat ist eine *Neubildung des 16. Jahrhunderts.* Das heutige Staatsverständnis entstand als Folge der Neuzeit. Der moderne Begriff des Staates hat ältere Begriffe wie Gemeinwesen (*res publica*), Bürgerschaft (*civitas*), Herrschaft (*imperium*) und Königtum (*regnum*) abgelöst. (Luther kannte das Wort Staat nicht, sondern spricht von »Obrigkeit«.)

1.1.2 Das Wort Staat bezeichnet nach *neuzeitlichem Verständnis* die verfasste politische Ordnung, durch die für ein bestimmtes Territorium das Zusammenleben der Bürger und Bürgerinnen in der Gesellschaft geregelt wird, sowie die politische Macht, die in einem Staatsgebiet die Staatsgewalt ausübt und die Beziehungen zu anderen Staaten gestaltet.

1.1.3 Von daher verbinden sich im (umgangssprachlichen) Gebrauch des Wortes Staat unterschiedliche, aber in einem inneren Zusammenhang stehende Bedeutungsnuancen:

1.1.3.1 Mit dem Wort Staat kann das *Staatsgebiet* gemeint sein (ein Land, z. B. Deutschland). Im Prozess der Staatsbildung lässt sich eine Entwicklung vom mittelalterlichen Personenverbandsstaat über den frühneuzeitlichen Territorialstaat bis hin zum zusammengesetzten Staat (Staatenbund, Bundesstaat) oder Einheitsstaat beobachten. Die Staatsgebiete waren in der Geschichte vielfach umstritten und Gegenstand politischer, auch kriegerischer Auseinandersetzungen. Mit dem Staatsgebiet verbindet sich zugleich die Frage nach dem *Staatsvolk*. Die Entwicklung zu Staaten zeigt deutlich, dass sich die Staatsbildung einerseits an Personalverbänden wie Sippen, Stämmen und auch Völkern orientiert, andererseits aber auch die Völker überschreiten kann. Das Staatsvolk kann aus verschiedenen Völkern zusammengesetzt sein bis hin zum »Vielvölkerstaat«. In einem Staatsvolk können sehr unterschiedliche Herkünfte, Kulturen und Sprachen (multikulturelle und auch multireligiöse Gesellschaften) gegeben sein.

1.1.3.2 Das Wort Staat kann die *Staatsgewalt* und die damit verbundenen *staatlichen Institutionen* meinen. Die neuzeitlichen Staaten zeichnen sich dadurch aus, dass sie das Gewaltmonopol an sich ziehen. In der neuzeitlichen Entwicklung kommt es zu einer allmählichen Monopolisierung der Gewaltanwendung, des Gerichtswesens, der Gesetzgebungsgewalt und Steuerhoheit. Dennoch gibt es, und dies differenziert sich dann im Zuge der Moderne wiederum deutlicher aus, in einem Staat nicht nur die Macht der Herrscher bzw. der Regierenden und das Gewaltmonopol des Staates, sondern weitere Machtordnungen: die Macht der Wirtschaftsführer, der Arbeiterschaft und Arbeiterbewegungen, der Medien, der Öffentlichkeit, der Religionsgemeinschaften etc. Innerhalb des Staates bedarf es der Ordnung der Machtverhältnisse.

1.1.3.3 Das Wort Staat kann die *Staatsordnung* bezeichnen. Die Entwicklung geht hier vom Feudalstaat über den Ständestaat, den absolutistischen Staat, den konstitutionellen Obrigkeitsstaat bis hin zur Gewaltenteilung und Volkssouveränität in der Demokratie. In diesem Zusammenhang entsteht die Frage, wer im Staat die Macht verleihen kann und an der Macht teilhat (legitime Macht im Staat). Handelt es sich um eine gottgegebene Machtstellung, die den Fürsten als absolutistischen Herrschern zukommt, oder geht die Souveränität vom gesamten Staatsvolk aus und ist die Macht der jeweils durch Wahl in die Staatsverantwortung und politische Verantwortung Gerufenen abgeleitete, in einem Gesellschaftsvertrag zugebilligte Macht? Zugleich geht es auch um die Machtverhältnisse nach außen. Das Gewaltmonopol des Staates und die Herrschaft eines Staates sind, solange es keinen Weltstaat gibt, eine durch andere Staaten begrenzte Macht. Darüber hinaus stellt sich im Prozess der Globalisierung die Frage nach der Macht der einzelnen Staaten gegenüber internationalen Wirtschaftsstrukturen und Wirtschaftsunternehmen. Mit der Staatsordnung ist auch die Frage der Staatsziele aufgegeben. So ergibt sich mit den Staatszielen von Anfang an die Frage, inwieweit der Staat seine Herrschaft gerecht ausübt. Dies ist die Frage nach der Rechtsstaatlichkeit eines Staates und nach der Sozialstaatlichkeit (Daseinssicherung, Lebensvorsorge, gerechte Verteilung der Güter). Die Frage nach der Sozialstaatlichkeit wird heute ergänzt durch Fragen einer ökologischen Vorsorge und der Generationenvorsorge. Schließlich trifft alle Staatsgestaltungen die Frage nach ihrer Friedensfähigkeit nach innen und außen (Friedensfähigkeit und internationale Verträglichkeit).

1.2 Volk

1.2.1 Die Bedeutung und Verwendung des Begriffes *Volk* im Deutschen erweist sich als abhängig von unterschiedlichen politischen, sozialen und kulturellen Leitvorstellungen. Beeinflusst von dem Verständnis des Wortes »Volk« (*populus, plebs*) im Römischen Reich kommt dem Wort »Volk« ursprünglich eine vierfache Bedeutung zu:

1.2.1.1 Das Wort »Volk« bezeichnete den *politischen Souverän*, vor dem sich die jeweils Herrschenden zu verantworten hatten. Auch wenn diese Bedeutung schon im Römischen Reich immer mehr in den Hintergrund trat, ist sie jedoch weiter im Bewusstsein gegenwärtig und wird in der Französischen Revolution von 1789 wieder präsent: Das Volk wird im Zuge des Wandels vom ständischen zum demokratischen Staat zur Bezeichnung des Willenssubjektes in einem Staat.

1.2.1.2 Das Wort »Volk« kann in Unterscheidung zu den Herrschenden bzw. Regierenden die *Regierten* bzw. die Untergebenen bedeuten. Abwertend wird dann vom einfachen Volk gesprochen.

1.2.1.3 Das Wort »Volk« kann eine durch *gemeinsame Abstammung und Herkunft, durch gemeinsame Sprache und Kultur und gemeinsame geschichtliche Erfahrungen bestimmte Gemeinschaft* bezeichnen, die in einem gemeinsamen Territorium (Land, Heimat) leben kann und eine politische Einheit bilden kann, aber nicht muss. Es ist auch nicht erforderlich, dass alle diese Merkmale vorhanden sein müssen, damit das Bewusstsein entsteht, ein Volk zu sein, einem Volk zuzugehören. Zugleich zeigt sich, dass eine genauere Spezifizierung dieser Merkmale der gemeinsamen Herkunft, Sprache, Kultur und Geschichte zu bloßen Konstruktionen und Verzerrungen führt (z. B. wenn man von der gemeinsamen Herkunft und Abstammung her abhebt auf die Herkunft von einer bestimmten Rasse, die es so eindeutig nicht gibt).

1.2.1.4 Im Zuge der Romantik (Herder) wurde der Begriff »Volk« als eine *organische Ganzheit* verstanden, dem eine eigene Individualität, die sogenannte Volksseele, zukommt. Sie ergibt sich aus der Herkunft, der Geschichte, aus der Sprache und Kultur, die ein Volk entwickelt hat. Im Volk vollzieht sich gleichsam eine Verwirklichung des menschlichen Geistes, sei es nun wie bei Hegel gedacht als eine Verwirklichung des Weltgeistes oder als eine Verwirklichung der einem Volk gegebenen naturhaften Anlage. Hier kommt es dann zu engeren Verbindungen auch von Volk und Nation.

1.3 Nation

1.3.1 Der Begriff »Nation« leitet sich von dem Lateinischen »*nasci*« (geboren werden) ab. Er bedeutet zunächst im Deutschen die Abstammung und den Volksstamm. Auch im deutschen Sprachgebrauch schwingt zunächst noch etwas von der Verwendung von »*natio*« im Römischen Reich nach. Dort bezeichnen die »*nationes*« die Völker im Unterschied zum römischen Volk (*populus*), und damit wird zugleich eine kulturelle Wertung verbunden. In der Vulgata wird für das Volk Gottes der Begriff »*populus*« und für die Heiden der Begriff der »Nationen« verwendet.

1.3.2 Eine neue Bedeutung erhält das Wort »Nation« ab dem 13. Jahrhundert, als die studentischen Landsmannschaften an den Universitäten »Nationes« genannt wurden. Hier spielt die gemeinsame Sprache eine Rolle. In der Fremde tun sich diejenigen zusammen, die sich unmittelbar verstehen. Deswegen wird auch dann, wenn von der deutschen Nation geredet wird, von denen gesprochen, die eine deutsche Zunge haben. Im 15. Jahrhundert taucht dann die Formel vom »Heiligen Römischen Reich Deutscher Nation« auf. Damit ist der Verband der geistlichen und weltlichen Fürstentümer gemeint, an dessen Spitze der König steht. Nation und Adel werden damit fast identisch. So schreibt Luther an den christlichen Adel deutscher Nation, gemeint ist nicht der Adel als gesellschaftliche Gruppe, sondern es geht um die Vertretung der Gesellschaft durch den Adel (die Stände), also um das obrigkeitliche Regiment. Einen gewissen »nationalen« Zug in der modernen Verwendung des Wortes löst die Wiederentdeckung der *Germania* des Tacitus aus, in der er seine Begeisterung für die Germanen ausdrückt. Man ist nun stolz auf die Germanen und die eigenen geistigen und kulturellen Leistungen.

1.3.3 Zu einem Schlüsselbegriff wird der Begriff »Nation« im 18. Jahrhundert. So ist die Entwicklung der Bedeutung von »Nation« als ein Begriff der Selbstverständigung ein eher spätes geschichtliches Phänomen. Sobald aber dieser Begriff der Nation auf dem Plan ist, entwickelt sowohl die Idee als auch das Phänomen der Nation eine bedeutsame geschichtliche Dynamik. Diese Dynamik ist sowohl in der Integrationsfähigkeit dieses Begriffes als auch in der Variabilität seiner Deutung und Bedeutung begründet. Mit dem Begriff der Nation und im Phänomen der Nation werden sehr unterschiedliche programmatische

Interessen, Vorstellungen und Gefühle verbunden. In Frankreich wird diese programmatische Bedeutung des Nationenbegriffs entwickelt. Der Begriff der Nation wird gleichbedeutend mit Staat und dem Staatsvolk. Dieses Verständnis wird weitgehend auch im deutschen Sprachgebrauch übernommen.

1.3.4 Wie beim Begriff »Volk« gibt es auch im Verständnis des Begriffes »Nation« unterschiedliche Bedeutungsnuancen aufgrund unterschiedlicher Auffassungen in der Frage, was für eine Nation konstitutiv ist. Eine Nation kann aus einem Volk oder einer ethnischen Gruppe mit gemeinsamer Sprache, Kultur und Geschichte bestehen, die ein abgegrenztes Territorium bewohnt und über eine staatliche Ordnung verfügt. Ein zweites Verständnis von Nation ist politisch orientiert. Es sieht eine Nation dadurch konstituiert, dass die Bürgerinnen und Bürger eines Staatsgebietes unabhängig von ihrer ethnischen Herkunft zu einer gemeinsamen Organisation zusammengeschlossen sind, in der sie sich eine politische Ordnung geben und gemeinsam politisch handeln. Nation wird hier durch den souveränen politischen Willen einer Gemeinschaft verwirklicht.

Joachim Track

2 Englisch

(nach »Shorter Oxford English Dictionary«)

2.1 »Folk«

2.1.1 *People, nation, race, tribe* (Volk, Nation, Rasse, Stamm).

2.1.2 Eine Ansammlung von einem übergeordneten Wesen (z. B. Gott, König oder Priester) zugeordneten Menschen; Masse, Volk; Gemeinvolk etc.

2.1.3 Leute, Menschen im Allgemeinen; oft durch ein Adjektiv oder eine Wendung näher bestimmt.

2.1.4 Familienangehörige; Eltern, Kinder, Verwandte.
Die ersten beiden Bedeutungen sind eher veraltet. »Folk« im heutigen Englisch ist nicht identisch mit den Bedeutungsinhalten des deutschen »Volk«. Dasselbe gilt auch für das heute häufiger verwendete »people«.

2.2 »State«

2.2.1 Commonwealth, polity (Nationengemeinschaft, Gemeinwesen)

»State«: ein Gemeinwesen, das auf die oberste Zivilordnung und Regierung hin organisiert ist; eine politische Ordnung, die der Regierung der Bürgerschaft zugrunde liegt; folglich die oberste Zivilgewalt und Regierung in einem Land oder einer Nation. Gegenüber der »Kirche« oder kirchlicher Organisation und Behörde.

2.2.2 Die Gesamtheit der Menschen, die ein bestimmtes Gebiet bewohnen und unter einer hoheitlichen Regierung organisiert sind. Auch gelegentlich das von diesen bewohnte Gebiet.

2.2.3 Das Gebiet oder eines der Gebiete, das von einem bestimmten Herrscher regiert wird; ein Gemeinwesen unter mehreren in inneren Angelegenheiten mehr oder minder souveränen und unabhängigen Gemeinwesen, die gemeinsam eine übergeordnete föderale Regierung bilden.

2.3 »Nation«

2.3.1 Eine bestimmte Rasse oder ein bestimmtes Volk mit gemeinsamer Herkunft, Sprache und Geschichte, in der Regel auf einem abgegrenzten Gebiet als souveräner politischer Staat organisiert; Menschen einer bestimmten Nation; im Mittelalter studentische Gemeinschaften an den Universitäten, die sich nach Herkunftsgebieten und -ländern organisierten; Land, Ländergruppe oder Königtum (selten).

2.3.2 Ohne Artikel: Nationalität.

2.3.3 »The nation«: die Gesamtbevölkerung eines Landes.

2.3.4 Familie, Sippe, Klan; nordamerikanischer Indianerstamm; eine bestimmte Klasse oder Rasse von Menschen oder Tieren.

2.4 »National«

2.4.1 Von oder angehörig einer Nation; betreffend die Gesamtnation oder im gemeinsamen Besitz der Nation; vom Heer; von einer Nation gepflegt; von der oder angehörig der französischen Regierung während der ersten Republik.

2.4.2 Eine Nation kenn- oder bezeichnend.

2.4.3 An eigene Nation oder Landsleute stark angebunden; den allgemeinen Interessen der Nation hingegeben.
Während die Neubetonung des Wortes »national« im Rahmen der Französischen Revolution unter 2.4.1 zum Ausdruck kommt,

kann nicht gesagt werden, dass Sinn und Gewicht der Begriffe »nation« oder »national« im Englischen durch diese Neubetonung in Frankreich signifikant geprägt oder geändert wurden. Eine solche Wirkung wurde eher östlich des Rheins spürbar.

Alasdair Heron

3 Französisch

(nach »Le petit Larousse illustré«, 1996)

3.1 »peuple«

3.1.1 Ensemble von Menschen, die an einem Ort wohnen, oder auch nicht, und die eine soziale oder kulturelle Gemeinschaft bilden.

3.1.2 Ensemble von Menschen, die auf einem Territorium wohnen, von gleichen Gesetzen regiert werden und eine Nation bilden.

3.1.3 Ensemble von Bürgern in dem Sinn, dass sie die politischen Rechte ausüben.

3.1.4 »Le peuple«: Die Masse derer, die keine Privilegien genießen und nur von ihrer Arbeit leben im Gegensatz zur Klasse der Besitzenden, der Bourgeoisie, etc.

3.1.5 (veraltet) Menge, Vielzahl.

3.2 »populaire«

3.2.1 Was im allgemeinen oder einer großen Menge gefällt, beliebt ist.

3.2.2 Entscheidungen oder Gesetze, dazu bestimmt, die große Masse zufrieden zu stellen.

3.3 »nation«

3.3.1 Große Gemeinschaft von Menschen, meistens auf einem bestimmten Territorium lebend, die eine mehr oder weniger starke historische, sprachliche, kulturelle und wirtschaftliche Einheit besitzt.

3.3.2 Politische Gemeinschaft, unterschieden von den Individuen, die sie bilden, und Träger der Souveränität.

3.4 »national«

3.4.1 Was zu einer Nation gehört.

3.4.2 Was das Ganze eines Landes interessiert.

3.4.3 »Nationalistisch«.

Johannes Dantine

4 Italienisch

Der italienische Gebrauch der Begriffe ist mit dem deutschen praktisch identisch. Mit Hilfe eines Standardwörterbuches werden die einzelnen Begriffe erläutert.

4.1 »Popolo« (Volk)

4.1.1 Ethnisch, sprachlich und kulturell gleichartige Gemeinschaft, die auch eine politische Einheit bilden *kann*, nicht aber bilden *muss*. Bis 1945 konnte der Begriff »Volk« in enger Verbindung mit »Rasse« gebraucht werden. Aus verständlichen Gründen ist heute dieser Sprachgebrauch praktisch ganz verloren gegangen.

4.1.2 Wie in anderen Sprachen auch kann »popolo« auf Italienisch andere Bedeutungen bekommen, z. B. »Arbeiterklasse« oder »Bürgerschaft«.

4.2 »Stato« (Staat)

Territoriale Einheit, die eine autonome politische Einheit bildet. Im Wörterbuch findet sich auch die folgende Definition, die eine charakteristische italienische Haltung dem Staat gegenüber darstellt: Der Staat ist »die hierarchische und bürokratische Struktur eines politisch einheitlich organisierten Landes«. »Staat« ist häufig mit »Bürokratie« und Ähnlichem verbunden.

4.3 »Nazione« (Nation)

Die Standardbedeutung ist die Einheit des Volkes und Landes, also eine *ethnisch-sprachlich-kulturell-territoriale Einheit.* Das Wort kann aber auch als Synonym von »Volk« gebraucht werden, häufig um die Unstimmigkeit zwischen ethnischen und territorialen Größen zu betonen, z. B. »gehören die Italiener in Slowenien zur italienischen *Nation*«.

4.4 »Chiesa« (Kirche)

4.4.1 Es gibt drei verschiedene Bedeutungen von »chiesa«:

- Eine religiöse Gemeinschaft, auf universaler, bzw. nationaler oder geographischer Ebene: »die katholische Kirche« oder »die italienische Kirche« (d. h. die römisch-katholische Kirche in Italien).
- Die Lokalgemeinde, die für die katholische Kirche die Diözese ist: »die Mailänder Kirche«. Das Wort »Kirche« für die Pfarrgemeinde ist selten und wird praktisch nur von Protestanten gebraucht.
- Das Gottesdienstgebäude.

4.4.2 Eine konfessionell geprägte Bedeutung des Wortes ist auf Italienisch schwer verständlich, wie auch die Idee einer National- bzw. Landeskirche. Normalerweise (von Leuten, Presse, Fernsehen) wird das Wort ohne Adjektiv benutzt: *die* Kirche, nicht etwa die katholische (*römisch*-katholisch, wenn auch sprachlich korrekt, klingt sehr seltsam), die protestantische usw., wobei selbstverständlich die Mehrheitskirche gemeint ist.

Fulvio Ferrario

5 Polnisch

5.1 »Lud« (Volk)

Das Wort für »Volk« (lud) hängt etymologisch mit dem altslawischen »ljudin« (freier Mann, nicht Sklave) zusammen, und dies verweist auf das griechische *eleutheros*. (Dasselbe gilt für das tschechische »lid«.) Heute gibt es mehrere Bedeutungsschattierungen:

5.1.1 »Lud« bedeutet so viel wie der Plural von »Mensch«: Die Gesamtheit der (freien) Menschen. Davon abgeleitet ist der Begriff »ludzkość« (Menschlichkeit), d. h. Gesamtheit der Bedingungen für das freie, würdige Menschsein. Unmenschlichkeit rückt in die Nähe von »Unfreiheit«.

5.1.2 »Lud« als Äquivalent für »naród« (Nation), in der Regel allerdings als Bezeichnung für Gruppen ohne eigene strukturierte Staatlichkeit: z.B. »ludy koczownice« (Nomadenvölker).

5.1.3 »Lud« im Sinne von »lud pospolity« bezeichnet »einfaches Volk«, niedrigere soziale Schichten, Menschen mit einem Minimum an Rechten. An diese Bedeutung knüpft die kommunistische Terminologie an.

5.1.4 »Lud« sind die Arbeiter und Bauern im Gegensatz zum Bürgertum und zur Aristokratie. Sie sind die eigentlichen Träger des geschichtlichen Fortschritts.

5.1.5 Erwähnenswert ist noch eine Bedeutung, deren Schöpfer der polnische Dichter Mickiewicz ist. Mit »lud« bezeichnet er die leidenden, nach Freiheit sich sehnenden Menschen, d. h. auch reiche und gut situierte Menschen, die sich mit dieser Sehnsucht identifizieren. »Sie verstehen die Wahrheit so schnell und unfehlbar«, gerade weil sie nach vorne hin offen sind. Die Trennungslinie zwischen »lud« und »ne-lud«, bzw. zwischen

»menschlich« und »unmenschlich« deckt sich nicht mit der sozialen Schichtung, sondern wird von der inneren Einstellung der Menschen bestimmt, wobei das Leiden, das die Sehnsucht nach Freiheit begleitet, eine wichtige, charakteristische Rolle spielt.

5.2 »Państwo« (Staat)

Das Wort »państwo« (Staat) ist im Polnischen abgeleitet von »pan« (Herr; ursprünglich Beamter des Khans der Avaren). Es handelte sich um einen meist größeren (Land-)Besitz, der von einem »pan« (Verwalter) verwaltet wurde. Später bezeichnete dieser Begriff großen Landbesitz und Reichtum allgemein. Erst im Zusammenhang mit der Verbreitung des Gedankens des selbständigen (polnischen) Staates, gewann dieser Begriff die heutige Bedeutung »Staat«. Er entspricht der allgemeinen Auffassung einer politischen Organisation, die alle Bürger eines Territoriums umfasst und das Funktionieren dieser Gemeinschaft ermöglicht. Auch weiterhin ist die Frage nach dem Anteil der Kirche an der staatlichen Macht lebendig.

5.3 »Národ« (Nation)

»Národ« ist die Nation. Das Wort hängt auch hier mit »rodit« (lat. *nascor*) zusammen, wobei damit Konnotationen der Prosperität, des Erfolgs verbunden waren (Vermehrung der Familie, Sippe) – vgl. den altslawischen Gott »Rod“-Fortuna. Erst in der Romantik erhält dieser Begriff die Bedeutung einer Gemeinschaft von Menschen gemeinsamer Sprache, Kultur und Geschichte (evtl. auch gemeinsamen Wirtschaftslebens). Für das polnische Nationalbewusstsein ist charakteristisch, dass neben der Betonung der Gemeinsamkeit in Sprache und Kultur auch der gemeinsame Glaube, nämlich der katholische, betont wird. Die Parole »jeder Pole ist Katholik« stammt aus dem 19. Jahrhundert, in dem die katholische Kirche die Nationalgefühle benutzt hat, um ihren Einfluss zu stärken. Für die beiden großen nationalen Schriftsteller Mickiewicz und Slowacki ist »národ« (Nation) beinahe eine religiöse Größe. Ihre unterdrückte Nation vergleichen sie mit dem gekreuzigten Christus und erwarten ihre Auferstehung als Messias der Nationen. Die Auferweckung der Nation wird mit der Erneuerung des (katholischen) Christentums einhergehen. Doch haben die beiden Schriftsteller nicht einen Katholizismus vor Augen, der nicht der menschlichen Freiheit viel Raum gibt. Die Idee der Nation ist immerhin mit dem Verständnis des Glaubens und der Religion eng verbunden. Die Religion befähigt den Menschen zur Annahme der Wahrheit. Die Institutionen der Nation bilden ein System von Werkzeugen, diese Wahrheit im Leben konkret werden zu lassen. Im »Heiligtum« empfängt der Mensch die Wahrheit, die Nation ist das Werkzeug, die Wahrheit durchzusetzen. Dieses Denken lebt bis heute weiter und wird im ständigen Kampf zwischen Staat und Kirche deutlich. In letzter Zeit wird es allerdings verdrängt durch den wachsenden Liberalismus und Individualismus.

Martin Pietak

6 Tschechisch

6.1 »Národ« (Nation) und »lid« (Volk)

»Národ« (Nation) und »lid« (Volk) sind fast synonym – viele Wörterbücher geben die Synonymität an. Beide Begriffe bezeichnen die »Gesamtheit der Menschen derselben Sprache, gemeinsamer Kultur und gewöhnlich auch gemeinsamen Interesses«. Doch gibt es Schattierungen im Sprachgebrauch, die die beiden Begriffe voneinander unterscheiden.

6.1.1 Die etymologische Verwandtschaft des Wortes »národ« mit dem Wortstamm »rod« (gebären, lat. *nasci* → *natio*), wie sie noch das erste wissenschaftliche tschechisch-deutsche Wörterbuch von Jungmann (1836) an erster Stelle angibt (»das Geborene, *generatio*«), wird heute nicht mehr empfunden.

6.1.2 Gegenüber dem eher politischen Begriff »národ« besitzt das Wort »lid« eine mehr soziale Dimension. Es bezieht sich auf wirkliche Menschen und nicht so sehr auf (nationale) Programme, Aspirationen und Strukturen.

6.1.3 Vor allem haftet dem Begriff »lid« etwas Laizistisches (Kirchenvolk), Einfaches, sozial Niedrigeres (Landvolk, Stadtvolk) an. In der Vorstellung der Protagonisten der sog. nationalen Wiedergeburt im 19. Jahrhundert war eben das einfache Volk der eigentliche Träger des Nationalen, weil es gegen den Strom der Germanisierung die tschechische Sprache bewahrt hat.

6.1.4 Wegen dieser sozialen Dimension erschien der Begriff »lid« den kommunistischen Ideologen als besonders geeignet. Es war der Schlüsselbegriff der marxistischen Geschichtsphilosophie (Volk als das eigentliche Subjekt der Geschichte) und wurde (in vielen adjektivischen Wendungen) zur Bezeichnung der *differentia specifica* des sozialistischen politischen Systems (Volksdemokratie, Volksarmee, Volksgericht, Volksmiliz usw.).

Damit verbindet sich eine latente Kritik am Begriff »Nation«. Das (arbeitende) Volk ist eben international.

6.1.5 Allgemein kann das Adjektiv »lidový« entweder die Herkunft (aus dem – einfachen – Volk stammend) oder die Bestimmung (für das – einfache – Volk), ja sogar die Qualität (einfach, billig, dem einfachen Menschen zukommend) bedeuten.

Die mittlere dieser Bedeutungen (für das Volk) kommt wohl in der Bezeichnung einer christlichen (katholischen), seit Jahrzehnten existierenden politischen Partei vor. Sie kann nicht »national« sein, doch proklamiert sie eine Volksnähe (im Unterschied zum Klerikalismus), die in der Tradition der »Volkspriester« des 19. Jahrhunderts verankert ist.

6.1.6 Am deutlichsten erscheint der Unterschied der Begriffe »národ« und »lid« in den Wendungen »Volkskirche« und »Nationalkirche«. Ersteres bedeutet »Kirche für das Volk«, letzteres »Kirche beschränkt auf (nur) eine Nation«.

6.2 »Stát« (Staat)

»Stát« bedeutet, wie in anderen Sprachen auch, die »organisierte politische Einheit mehrerer Nationen auf einem bestimmten Territorium, mit bestimmter Gesetzgebung, Regierung und Verwaltung«.

6.2.1 Die Politik der liberalen Regierungsparteien versuchte, die frustrierende Erfahrung der Bevölkerung mit dem allmächtigen kommunistischen Staat dahingehend auszunutzen, eine Zustimmung für ihre Ideologie der Minimalisierung der Rolle des Staates in der Gesellschaft zu gewinnen. Der Staat wird dargestellt wie ein Monstrum, das die Freiheit und Initiative des Menschen lähmt. Unklar bleibt, wer auf welche Weise die regulativen Funktionen in Fragen der Sozialpolitik, Bildungspolitik oder Umweltpolitik ausüben soll. Abgelehnt wird die Vision Václav Havels von einer »Bürgergesellschaft«, wo die bestimmende

Rolle den freien Vereinigungen der Bürger zukommt (Vereine, Bürgerinitiativen, Kirchen). Die gegenwärtigen Probleme der tschechischen Wirtschaft lassen zwei entgegengesetzte Antworten in Erscheinung treten:

- Der Staat ist zu schwach, um rechtzeitig eingreifen zu können;
- die Wirtschaft kann sich noch nicht frei entfalten, weil der Staat immer noch zu stark ist.

6.2.2 Im Kontext der Trennung der Tschechoslowakei erschien in der öffentlichen Diskussion oft der Begriff »státnost« (Staatlichkeit). Gemeint war das historisch begründete Recht der beiden Völker auf einen selbständigen Staat. Das führte zu einer Rückbesinnung auf die lange Geschichte des tschechischen Staates (der tschechischen Krone), aber diesmal eher formal. Die Frage eines Masaryk und seiner Freunde nach dem Sinn der tschechischen Staatlichkeit und nach der geschichtlichen Rolle des tschechischen Staates erscheint im derzeitigen postmodernen Klima nicht mehr aktuell.

Pavel Filipi

7 Ungarisch

Es wurde hier auf die Beschreibung der historischen Deutungswandlungen und des Bedeutungsreichtums der einzelnen Begriffe verzichtet.

7.1 »Állam« (Staat)

7.1.1 Das Wort »Állam« bedeutet in der ungarischen Sprache, wie in vielen anderen, die Gemeinschaft der auf einem bestimmten Gebiet lebenden Menschen, die über eigene Souveränität und Regierung verfügt und deren Glieder in organisierten Formen zusammenleben. Diese Menschen gehören entweder nur zu einer oder zu mehreren Nationalitäten oder Völkern.

7.1.2 Das Wort »Állam« ist als ein politisch-offizieller Begriff zu verstehen und kommt fast ausschließlich in offiziellen Dokumenten, Reden und Sprache vor. Unter diesem Wort verstehen die meisten vor allem den Staatsapparat mit allen seinen Institutionen (z. B. Staatsmann, Staatssicherheitsorgane etc.). Eine negative Einstellung zu diesem Wort (und zum Staat) hat eine jahrhundertelange Geschichte hinter sich. Der Staat ist, so fühlen es viele auch heute, nur ein kalter, schroffer Rahmen, ein fremdes und stiefmütterliches Gebilde, »der Widersacher der Nation«.

7.1.3 Eine ähnliche Deutung wie »Állam«, heute mit besonderem Bezug zum Territorium, hat das Wort »Ország« (Land, Reich, aber auch Herrschaft, z. B. Isten Országa - Reich Gottes).

7.2 Schwierigkeiten mit der Deutung von »Nemzet« (Nation) und »Nép« (Volk)

7.2.1 Die adäquate Deutung und damit das rechte Verstehen der Begriffe »Nemzet« (Nation) und »Nép« (Volk) ist nicht ganz einfach. Es kommt häufig vor, dass diese Begriffe unterschiedlich gedeutet werden. Z. B. sind Unterschiede zwischen wissenschaftlicher und alltäglicher Bedeutung dieser Worte festzustellen. Die Deutung dieser Begriffe ist auch abhängig vom Standpunkt oder den politischen Einsichten des Sprechers. Daneben kommt es vor, dass die beiden Begriffe in der alltäglichen Sprache miteinander verwechselt oder auch als Synonyme gebraucht werden.

7.2.2 Eine weitere Schwierigkeit besteht darin, dass die Begriffe »Nemzet« und »Nép« mehrere Bedeutungen haben. Will man sie genau verstehen, muss man den jeweiligen Kontext in Betracht ziehen. Weil jeder von ihnen zu verschiedenen Zeiten und bei verschiedenen Gesellschafts- und Altersgruppen unterschiedlich gebraucht wird, kann man neben der Hauptbedeutung immer auch andere Bedeutungen finden.

7.3 »Nép« (Volk)

7.3.1 Ein »Nép« ist die auf einem bestimmten Gebiet dauernd lebende oder ursprünglich von demselben Gebiet stammende größere Gemeinschaft, deren Glieder miteinander durch gemeinsame Sprache, Ursprung und die damit zusammenhängenden Traditionen verbunden sind (z. B. »die Völker der Erde«). In Ungarn sind mit diesem Wort gewöhnlich die Magyaren gemeint.

7.3.2 Seltener bezeichnet dieses Wort die Gesamtheit aller in einem bestimmten Gebiet lebenden Menschen ohne Rücksicht auf ihre Muttersprache. In dieser Bedeutung kann »Nép« also ein Synonym für »Nemzet« (Nation) sein (z. B. »das Selbstbestimmungsrecht der Völker«).

7.3.3 Außerdem kann »Nép« das Bauernvolk bezeichnen. Es wird behauptet, dass eben das (Bauern-)Volk Hüter und Träger einer gesunden, für die ungarische Nation, das ungarische Volk typischen Kultur sei. Das wurde schon im 19. Jahrhundert betont, besonders aber nach dem Ersten Weltkrieg. Die größten

Männer der ungarischen Literatur (Ady) und Musik (Kodály) wandten sich zum Volk, d. h. zum Bauernvolk, in der Hoffnung, dass die gesunden Kräfte des Volkes die kranke ungarische Nation heilen und erneuern würden.

7.3.4 Das Wort »Nép« ist auch Inbegriff der einfachen, weniger gebildeten, arbeitenden Gesellschaftsschichten, der Armen und Unterdrückten innerhalb des ungarischen Volkes. An diese (Neben-)Bedeutung knüpften die Kommunisten an. In ihrem Sprachgebrauch ist mit diesem Wort die in einem volksdemokratischen oder sozialistischen Staat lebende Gesamtheit aller Bauern und Industriearbeiter gemeint, im Gegensatz zu den ehemaligen »Ausbeutern« (z. B. »alle Macht dem arbeitenden Volk«).

7.3.5 Die kommunistische Regierung diskreditierte fortlaufend das Wort »Nemzet« (Nation), hat es durch »Nép« (Volk) ersetzt und dessen Bedeutung erweitert. Es wurden viele neue Worte geschaffen, wie Volksdemokratie oder Volksarmee. Weil diese und andere Worte eng mit den kommunistischen Zeiten verbunden sind, hat das Wort »Nép« (Volk) heute einen unangenehmen Klang für alle, die die »alten Zeiten« und deren Sprache nicht mögen. (Den Kommunisten ist es ungewollt »gelungen«, mit einem Schlag zwei Worte zu diskreditieren.) Wie unterschiedlich die Bedeutung des Wortes »Nép« sein kann, zeigt, dass heute für die ältere Generation »Volk« etwas Positives ist, die mittlere Generation es im Sinne des marxistischen Verständnisses deutet und es von der jüngeren Generation fast nie benutzt wird.

7.4 »Nemzet« (Nation)

7.4.1 »Nemzet« ist eine geschichtlich entstandene, dauernd existierende Gemeinschaft, die durch gemeinsame Sprache, gemeinsames Gebiet und gemeinsame Kultur gekennzeichnet ist. In der Regel wird sie durch ein Staatssystem zusammengehalten. Dieses Wort »Nemzet« hat auch etwas Feierliches.

7.4.2 Im Sprachgebrauch können wir Deutungsschwankungen feststellen. Häufig überschneidet es sich mit anderen Begriffen, besonders mit »Nép« (Volk), so in bestimmten Zusammensetzungen (z.B. »nemzetgazdaság«, Volkswirtschaft) und unkorrekterweise in der Umgangssprache.

7.4.3 Nach erweiterter Deutung gehören zur »Nemzet« alle, die in einem Staatsgebiet wohnen, ohne Rücksicht auf ihre Muttersprache. Nach engerer Deutung wird diese Gemeinschaft mit nur einer Ethnie gleichgesetzt, ungeachtet des Gebietes, in dem sie lebt. Nach dieser Auffassung gibt es ein Gefühl der Zugehörigkeit zur Nation, welches die Grenzen des Territorialstaates überschreitet. Die Kennzeichen dieser Zugehörigkeit sind u. a. die Sprache, die Tradition, die geistige Eigenart, die Abstammung, kurz »die Wurzeln«. Diese Auffassung ist sehr verbreitet, besonders bei den ungarischen Emigranten in den USA, aber auch bei den ungarischen Minderheiten, die nach dem ungerechten Trianon-Friedensschluss in den neugegründeten Nachbarstaaten mehr oder weniger rechtlos leben mussten und müssen. Mit der Zeit nimmt aber das Gefühl der Rechtlosigkeit bei diesen Minderheiten ab.

7.4.4 Jeder Versuch, sich zum Begriff »Nemzet« unter Gesichtspunkten der Gegenwart zu äußern, muss sich mit seinem eigentlichen Inhalt, aber auch mit seiner Entleerung und Diskriminierung, also mit seinem Missbrauch auseinandersetzen. Dieses Wort wurde durch die Kommunisten weitgehend diskreditiert, und die heutigen Liberalen in Ungarn setzen diese Diskreditierung fort. Das Wort »Nation« wird als nationalistischer Begriff diffamiert. Die nach den Jahrzehnten des Internationalismus so nötige und gesunde Selbstbesinnung des ungarischen Volkes wird durch diese Kreise zum ungesunden und unerwünschten Nationalismus, ja sogar Chauvinismus, abgestempelt. Viele andere Politiker, Denker und Schriftsteller bemühen sich hingegen um eine Aufwertung des Wortes »Nemzet« und um die Wiederherstellung seiner positiven Bedeutung.

Michal Bihary

B Verzeichnis der Mitglieder der Regionalgruppe Süd- und Südosteuropa, 1995–2001

Landesbischof i. R. Dr. D. Johannes **Hanselmann** †, Griesbach
(Vorsitzender bis 1999)
Evangelisch-Lutherische Kirche in Bayern

Professor Dr. Joachim **Track**, Ansbach
(Vorsitzender ab 1999)
Evangelisch-Lutherische Kirche in Bayern

Pfarrer Dezsö Zoltán **Adorjáni**, Bukarest
Syn.-presb. Evang.-luth. Kirche A. B. in Rumänien

Dozent Michal **Bihary** †, Prag
Reformierte Christliche Kirche in der Slowakei

Dekan Hans **Bornkamm**, Lahr
Evangelische Landeskirche in Baden

OKR Dr. Michael **Bünker**, Wien
Evangelische Kirche A. B. in Österreich

Universitätsprofessor OKR Dr. Johannes **Dantine** †, Wien
Evangelische Kirche A.B. in Österreich

Pfarrer Pál **Erdélyi**, Vlcany/Slowakei
Reformierte Christliche Kirche in der Slowakei

Professor D. Dr. Hans-Helmut **Eßer** (em.), Horstmar
Universität Münster – Reformierte Theologie

Pfarrer Dr. Fulvio **Ferrario**, Mailand
Waldenser-Kirche in Italien

Professor Dr. Pavel **Filipi**, Prag
Evangelische Kirche der Böhmischen Brüder

Generalbischof Dr. Julius **Filo**, Bratislava
Evangelische Kirche A. B. in der Slowakei

Wiss. Assistent Dr. Matthias **Freudenberg**, Erlangen
Universität Erlangen – Reformierte Theologie

Dekanin Doris **Fuchs**, Salem
Evangelische Landeskirche in Baden

Generalsekretär Dr. Tibor **Görög**, Budapest
Ökumenischer Rat der Kirchen in Ungarn

Wiss. Assistent Dr. Jindrich **Halama**, Prag
Evangelische Kirche der Böhmischen Brüder

Bischof Dr. Bela **Harmati**, Budapest
Evangelisch-Lutherische Kirche in Ungarn

Professor Dr. Alasdair **Heron**, Erlangen
Universität Erlangen – Reformierte Theologie

Pfarrer Michal **Hromanik**, Michalovce
Reformierte Christliche Kirche in der Slowakei

Professor Dr. Kálmán **Huszti**, Budapest
Reformierte Kirche in Ungarn

Oberkirchenrat i. R. Professor Dr. Hartmut **Jetter**, Stuttgart
Evangelische Kirche in Württemberg

Magister Dr. Ludvik **Jošar**, Bodonci
Evangelische Kirche A. B. in Slowenien

Dekan Professor Dr. Igor **Kišš**, Bratislava
Evangelische Kirche A. B. in der Slowakei

Professor Lászlo-Attila **Kovács**, Cluj-Napoca
Protestantisches Theologisches Institut in Klausenburg

Pfarrer Dieter **Kuller**, München
Evangelisch-Lutherische Kirche in Bayern

Pfarrer Dr. Hans Jürgen **Luibl**, Jestetten
Bund Ev.-Luth. Kirchen in der Schweiz und im Fürstentum Liechtenstein

Kirchenrat Michael **Martin**, München
(Geschäftsführung bis 1999)
Evangelisch-Lutherische Kirche in Bayern

Bischof i. R. Dr. Eugen **Mikó**, Bratislava
Reformierte Christliche Kirche in der Slowakei

Oberkirchenrat Gottfried **Müller**, Speyer
Evangelische Kirche der Pfalz

Bischof Dr. Michael **Márkus**, Tata
Reformierte Kirche in Ungarn

Bischof i. R. Árpád **Mózes**, Cluj-Bulevardul
Syn.-presb. Evang.-luth. Kirche A. B. in Rumänien

Superintendent Helmut **Nausner**, Wien
Evangelisch-Methodistische Kirche in Österreich

Professor a. D. D. Dr. Wilhelm **Neuser** D. D., Ostbevern
Univ. Münster – Kirchengeschichte und Konfessionskunde

Professor Dr. Peder **Nørgard-Højen**, Nivaa
Evangelisch-Lutherische Volkskirche in Dänemark

Pastor Lothar **Pöll**, Linz
Evangelisch-Methodistische Kirche in Österreich

Kirchenrat Thomas **Prieto Peral**, München
(Geschäftsführung ab 2000)
Evangelisch-Lutherische Kirche in Bayern

Stadtpfarrer i. R. Dr. Paul-Gerhard **Schullerus**, Judetul-Sibiu
Evangelische Kirche A. B. in Rumänien

Professor Dr. Zdenék **Sázava**, Prag
Hussitische Theologische Fakultät

Bischof Dr. Ján **Valent**, Novi Sad
Slowakische Evangelische Kirche A. B. in Jugoslawien

Bischof Vladislav **Volný**, Ceský Tesin / Tschechische Rep.
Schlesische Evangelische Kirche A. B.

Präses Hartmut **Wenzel**, Nürnberg
Evang.-Ref. Kirche in Bayern und Nordwestdeutschland

Professor Dr. Eberhard **Winkler**, Gutenberg
Universität Halle – Praktische Theologie

Professor Dr. Theo **Witvliet**, Naarden
Nederlandse Hervormde Kerk

Oberkirchenrat i. R. Dr. Helmut **Zeddies**, Berlin
Evangelische Kirche in Deutschland

Church – People – State – Nation

A Protestant Contribution on a Difficult Relationship

Report of the Discussions in the South and Southeast Europe Regional Group of the Leuenberg Church Fellowship 1995–2000

The 5th General Assembly of the Leuenberg Church Fellowship resolved on 24 June 2001 in Belfast:

1. to thank the Leuenberg »South and Southeast Europe Regional Group« for its work and for the outcome of its doctrinal conversations submitted;
2. to receive the outcome of the doctrinal conversations;
3. to request the churches to receive the outcome of the doctrinal conversations and to take it into account in their own work on the subject of »Church – People – State – Nation«.

Leuenberg Church Fellowship
South and Southeast Europe Regional Group

Church – People – State – Nation

A Protestant Contribution on a Difficult Relationship

The background and intention of these results of the doctrinal conversations

The 4th General Assembly of the Leuenberg Church Fellowship held in Vienna in May 1994 resolved to give priority to the subject of »Church, People, State and Nation« for its further work. The Assembly was guided in this decision above all by the experiences in various regions of Europe following the political changes of the year 1989. In November 1995, in keeping with this decision, the Executive Committee of the Leuenberg Church Fellowship entrusted the South and Southeast Europe Regional Group with the task of dealing with the subject of »Church, People, State and Nation«.

The Regional Group worked on this subject between 1995 and 1999. The issues were examined on the basis of lectures on history, politics and theology and in the light of the experiences reported by individual countries and churches. A first version of the document of the Regional Group was sent to the signatory churches of the Leuenberg Church Fellowship in the spring of 1998 with the request of examining it and making comments on it. At its meeting in 1999, the Group discussed the numerous reactions of the churches. All those reactions encouraged the efforts of the Group which found so many valuable and productive critical suggestions in them. Those suggestions were taken into account as far as possible. With the agreement of the Executive Committee, it now submits to the General Assembly this text, considerably amended on the basis of the reactions of the churches.

The South and Southeast Europe Regional Group has been working for over 25 years as part of the theological work of the Leuenberg Church Fellowship. It came into existence at the time of the continuing East-West conflict for the purpose of contributing towards the »fellowship of witness and service« as striven for by the Leuenberg Agreement by carrying out encounters transcending borders and systems by means of exchanges of experiences and insights as well as joint theological works. The Regional Group, which was led until 1999 by Dr Johannes Hanselmann, for many years Bishop of the Lutheran Church in Bavaria, comprised representatives of Protestant churches from Austria, the Czech Republic, Denmark, the Federal Republic of Yugoslavia, France, Germany, Hungary, Italy, Netherlands, Romania, the Slovak Republic, Slovenia and Switzerland. Depending on the issues discussed, experts were invited to the meetings from universities and churches of all confessions.

The far-reaching changes associated with the political turn of events of 1989 affecting the countries of central and south-eastern Europe entailed a renewed outbreak of national conflicts as well. The question of the relation between people, nation and state, with its often difficult history, suddenly became relevant, sometimes in a dramatic way. Not only the Protestant churches but also these entities were affected by the turn of events. The fact that their representatives in the Regional Group were prepared to tackle this difficult issue in all openness confronting the question of the churches' share in these developments is in itself a sign of fellowship achieved and a readiness for mutual understanding and communication and seeking common paths and solutions.

In the doctrinal conversations conducted by the Regional Group in keeping with the mandate of the Leuenberg Agreement (cf. LA Nos. 37–41), the continuing fundamental theological issues are tackled by combining a systematic discussion with an exchange of experience on the specific situation and theological status of the particular questions in the churches involved. In this way, the common understanding of the Gospel is deepened, work done on existing doctrinal differences, and efforts made to contribute to the »common witness and service« in the situation these churches are facing. Hence, when dealing with the subject of »Church, People, State and Nation«, in addition to basic clarifications, the main question discussed was also how the relationship between »Church, People, State and Nation« should be understood and expressed in a theologically responsible way within the surveyable field of the Regional Group, and what contribution could be expected from Protestantism in building up democratic state structures and in promoting culture in Europe as it becomes more integrated.

We do not claim to provide a »global solution« to the questions involved, but we do hope that the work of the Regional Group with its cognisant emphases can also be of help for other churches in the Leuenberg Fellowship. The document submitted is the outcome of a learning process within the Leuenberg Church Fellowship. At the same time we hope it will encourage further learning processes.

1 Introduction

1.1 In its relationship to people and culture, state and nation, Protestantism evidences two different approaches.

It was important to the Reformers that everyone should be able to hear and understand the Gospel in their own languages. Thus, on the one hand, the Reformation and the development of the language and culture of the people were linked from the very beginning. Churches came into existence which were at home in peoples and cultures and, *vice versa*, peoples and cultures were influenced by the churches. On the other hand, the Reformation was a movement which transcended borders and countries.

1.2 The political authorities were experienced by the Reformation both as hostile forces and as protective powers. In many cases, the Reformation was allied to the regional rulers and thus also to their lands. This proximity to the state constituted a particularity of Protestantism in many countries for a long time and simultaneously became a danger for Protestantism. The close relationship with specific cultural, territorial and – later also – national forms was almost always an obstacle to openness for other cultural and confessional expressions of Christianity. The affirmation of people, state and nation in various contexts resulted at different times in questionable, one-sided, national attitudes becoming more important than the worldwide community of churches and Christians.

1.3 Today in the Reformation churches we recognise that it is not helpful to play off the relation to people and nation against worldwide responsibility. We are attempting to understand what lies behind the terms »people« and »nation«. Peoples and nations are historical entities. They provide a manageable realm of common life and experience and for cultural, social and political activities. This is where people feel at home and find guidelines and means of identification. But people and nation must not constitute a context where others are excluded or marginalised. They must be open for encounter with other peoples and nations, for other experiences and the wealth of culture and for shared international responsibility.

1.4 Here it is important to recognise that the relation between people, state, nation and church is and must be seen from different points of view. It makes a difference whether the strong national sentiment is abused by a powerful state for imperialistic ends, whether a small state is trying to achieve autonomy by appealing to national identity, or whether an ethnic minority is struggling for its right to self-determination and for survival.

1.5 The present situation is marked predominantly by the profound changes in Europe since 1989. This has enabled the Central and Eastern European states to give social, foreign policy and economic expression to their latent desires for emancipation and to establish their mutual relationships on a new basis as far as possible. At the same time, the diverse national conflicts have come to light again, sometimes in a massive form, as, for example, in ex-Yugoslavia and the former Soviet Union. This political development is very closely connected with a process of economic and social restructuring. Thus it is understandable that nationalism is experienced and exploited as an element which creates community and stabilises society. But it cannot be ignored that nationalism can also lead to extensive social and economic destabilisation.

1.6 These tendencies have to be considered in connection with the overall developments in Europe. Europe is characterised by secularisation and the dissolution of old ties on the one hand, and by various counter-reactions such as new nationalist and fundamentalist tendencies on the other. In addition, a number of non-simultaneities have emerged on the European level as a whole. The developments generally take place at different speeds. That demands a readiness to get involved in asynchronous processes and to refrain from sweeping judgements.

1.7 The Regional Group examined the diverse relationships which have led in the past and the present within Protestantism to an exercise of mutual influence by church, people, state and nation. It is necessary both to make a careful, historical investigation of the relationship between church, people, state and nation, and also to provide a fundamental, theological definition of this relationship. In conclusion, it has to be pointed out what consequences the relationship thus defined has for present-day action. That has determined the internal structure of the document submitted here.

- It was necessary initially to *clarify terms* (2). A phenomenological approach describes in this context the anthropological factors behind the development of people, state and nation. This is followed by an analysis of the terms »people«, »state« and »nation« which is supplemented by a multilingual glossary in the Appendix.
- A *historical review* (3) depicts how social, political and cultural developments have influenced the evolution of very diverse and distinct Protestant territorial churches oriented towards a particular people or nationality. At the same time, these historical studies show that the Reformation was also always a movement that transcended peoples and nations and thus related to the whole church.
- Some *examples* (4) provide more detail on this. They were selected with the intention of presenting examples of individual churches, to demonstrate the specific characteristics in each particular interplay between church, people, state and nation, something which is still typical of Protestantism in many places in Europe even today.
- The section »*The biblical evidence and fundamental theological insights*« (5) offers fundamental theological perspectives on church, people, state and nation. Here there is evidence of the tension between the »already now« and the »not yet« of the Kingdom of God, and this is then discussed with reference to witness to the faith and to ways of living in the church and society.

- This leads to *challenges* (6) for the relationship between the churches and nation, state and society today. It is particularly necessary to deal with the danger of nationalism. A constructive approach serves to spell out the criteria and guidelines (challenges and demands) for an awareness of social and political responsibility. In the process, consideration is also given to the transnational level, including the opportunities and problems of growing European integration. A final section discusses the tasks that follow from this for the fellowship of churches participating in the Leuenberg Church Fellowship.

2 Clarification

2.1 Anthropological factors

2.1.1 Human beings have a need for security in the limited, immediate surroundings. They need the protective nearness of family, homeland, customs and habits. They need their own language and familiar gestures. They need their music and their dances. They need these for their identity and especially for developing their identity, and in this sense more strongly in childhood and youth than in adult age. They need these things in order to maintain an orientation and a minimum degree of security in whatever situation they may be. They need these things in order to be themselves.

But human beings are, above all, transcendent beings, able to go beyond themselves and their environment. They are inquisitive, want to know more and do more. They are »unfinished beings«. That makes them strong but also vulnerable. They find themselves in fields for which nature has not equipped them. They use tools to fill in the gaps in nature's equipment. But by nature they are not equipped for specific tasks. They are specialists in »not being specialised«. That is what offers human beings the possibility really to develop their particular abilities. It provides people with free range for their activity and creativity. Then they can develop their world of culture and technology in the context of nature.

2.1.2 *Theologically,* it must be stated from a systematic perspective that human beings are created by God and addressed as persons. This opens up space for them to live in God's creation. God is concerned about individual persons and speaks to them in their particular language in their particular place and in their particular situation. Human beings are loved by God and thus enabled to influence the world and exercise responsibility.

Because they have been made in the image of God, human beings face the challenge of living in the tension between the present beginnings and the future realisation of the Kingdom of God. But they repeatedly fail to live up to the purpose God has determined for them. They succumb to the power of sin from which they cannot escape by their own efforts. By dying and rising again, Jesus Christ has broken the power of sin and given humankind a new life. Believers share in the congregation as a local brotherly and sisterly community and in the church which transcends all borders between peoples and nations.

2.1.3 From the *economic* point of view, it must be stated that human beings are dependent on the exchange of goods. This need has brought people into contact with other people ever since they tried to obtain possession of salt. In and through their work, people change the world in which they live. Work leads to cooperation; it produces both specialisation and differentiation.

In view of vast economic structures, the formation of local and regional markets is important both for producers and for consumers. Imbedding the economy in regional communication structures can counteract the danger of all realms of life being gradually subjected to autonomous economic laws which make human beings exist for the market rather than the market for human beings.

2.1.4 In the *cultural* field, it must be said that people need to feel at home in manageable structures of life and activity and within decision making structures (with) which they can identify; this can ensure that citizens have a share in determining their lives and their world.

Culture is by nature both creativity and communication. In a broad sense, culture describes the form which people give to the world in which they live in an interplay with nature, and the way in which they dominate the world. In a narrower sense, it refers to cultural life and artistic expression which is a specific characteristic of human life. Thus, culture is always creating something new; it is in movement and makes things move. It aims at perception, participation and communication. Culture in a nation is always present in the form of various cultures. Therefore, by nature culture also comprises an exchange of cultures locally and worldwide. Just as folklore is certainly culture, so it is certainly part of being human to have a culture open to the world and transcending one's own particular culture. Here, the original link between culture and cult, which establishes a relationship between the human and the divine or »transcendence«, may have a part to play.

2.1.5 *Politically*, it must be said that human beings accept and have to accept responsibility. They are called upon to give shape to life in community with others in all realms including the smallest and most manageable. Human beings lead their lives in a network of different relationships that influence their lives. For this reason, a human being can be described as a »political being« (*zoon politikon*).

People have always given political shape to their contacts with wider surroundings. There is now in fact no home policy without foreign policy. People are aware of their global responsibility. They raise questions about a »world ethos«, internationally binding rules, and the universal validity of human rights, though the Charter on Human Rights is yet to be adopted by all nations.

2.1.6 In reference to *communication*, it must be stated that clear communication structures are needed so that each individual person can discover what concerns him or her directly. In this way individuals can participate in shaping public opinion, and their basic rights can finally be respected.

People are not only curious to know what is happening in the world; they are also affected by what is going on in the world. As a result of the worldwide media network, the world has become a »village«.

2.2 Clarification of phenomena and concepts

2.2.1 The terms discussed here, especially »people« and »nation«, have varying degrees of content and meaning in different languages. This is immediately obvious if one compares the diversity of Greek and Latin terms (*demos, ethnos, laos, populus, gens, natio, genos/genus, phyle, plebs*). These differences must be taken into account. For this reason a multilingual glossary is indispensable (cf. Appendix A).

»People« and »nation« refer to the way entities which are politically active organise and understand themselves and also to the various other active entities or alien groups which are excluded.[1] This ambivalence becomes important because the terms »people« and »nation« are frequently associated with values which also have emotional undertones and they are therefore difficult to define objectively.

2.2.2 *Peoples* evolved in the course of history, for instance as groups united behind a military leader. Religious components also played a major part in this. Thus kings, for example, were often considered »saints«.

But at the same time the »people« were always considered the antipode of the political élite, expressed either by the élite's low view of the »simple people« or by the »masses of people« intervening in history in a revolutionary way and attempting to influence the form of state, nation and society. In this sense, the concept »people« necessarily has a social component.

Thus, the term »people« can carry the sense of distinction from other peoples. So the concept of »people« alternates between desires for self-determination and sometimes very aggressive attempts to distinguish oneself from »the others«.

---

1 Reinhart Koselleck, Fritz Gschnitzer, Karl-Ferdinand Werner, Bernd Schönemann: Art. Volk, Nation in: Geschichtliche Grundbegriffe. Historisches Lexikon zur politisch-sozialen Sprache in Deutschland. Ed. by O. Brunner et al. (Vol. VII. 1992, pp. 141–431, here p. 142).

In modern times, i.e. starting with the French Revolution, a comprehensive process of transformation began in Europe, which led, on the one hand, to the conception of »national/popular sovereignty« in modern democracy and, on the other, to the development of romantic types of nationalism.

2.2.3 In the modern transformation process mentioned above, an old concept acquired a new meaning and a tremendous dynamic: *nation*. In European history, it is a late phenomenon. »Nation« did not become a key term in Europe until the 18th century. But then the idea and the phenomenon of the nation developed significant historical dynamics. These dynamics were based both on the capacity of the term to promote integration and on the variability of its meaning and interpretation. There was an additional reason, namely that »nation« as a term and a phenomenon can be combined with very different programmatic ideas, interests and feelings.

The concept of the »nation« has evolved in the course of history, both itself making history and being subject to historical change. Nations are historical and political entities which come into being in different political, social and cultural situations and are subject to historical change. It cannot be denied that, although it is related to empirical factors, the term »nation« is a construct. It became possible only in the context of modern developments and, at the same time, it has influenced modern times in a specific way.

Accordingly, there are different views of what constitutes a nation. A nation can consist of a people or an ethnic group with a common language, culture and history, living in a defined area and having the structure of a state. In this case nation is understood as an entity of a people that has evolved historically in a state, into which individuals are born by virtue of belonging to the people and which forms the context of their life. This definition of nation as an ethnically homogeneous group, by definition, allows practically no chance of equality for other ethnic groups (minorities) on the same state territory. Its consequence is more the idea of »ethnic purity« or even »ethnic cleansing«.

But there is also an awareness of nationality which is not tied to the limits of a territorial state but linked with a common language, tradition and origin. This applies, for example, to Hungarian minorities in neighbouring states which became independent on the basis of the Trianon Agreement of 1920, but also to the Germany of the 19th century as a cultural nation without a common state structure.

Yet another understanding of nation is not ethnic or cultural but has a political basis. It sees a nation as consisting of the citizens of a state bound together in a common organisation irrespective of their ethnic origin, adopting a political order and acting together politically. Here, the nation is a reality because of the sovereign political will of a community (nation-state). Ethnic factors then play only a subordinate part. Switzerland is a classic example of this.

2.2.4. The differences in the conception of nation are seldom found in a »pure« form. They relate to emphases which result in significance being attached to different aspects in each case. Hence, the European countries comprise a considerable diversity of different expressions which the Regional Group had to take into account. But at the same time the Group was in no doubt that an exclusively ethnic definition of nation entails obvious risks of false developments. This also includes *nationalism* which strongly influenced the relationship between the nations up to the end of the Second World War. Thereafter the situation changed radically.

In Europe, in the meantime, a far-reaching consensus had evolved that nationalism was an outdated phenomenon for social communication and political expression and should be abandoned. At the same time, supranational structures came into being, partly under the influence of the East/West conflict and partly through efforts for strengthening the economy (united Europe, other international alliances). Economic and state security interests were combined. Politics, economics and communication produced something like a global awareness (the world as a *global village*).

Especially since the end of the East/West conflict, however, one can observe a new increase in nationalism. The reason: on the one hand the pressure on smaller nations to belong to »political blocs« has disappeared and, on the other, regional interests are being brought to bear to counteract worldwide structures and tendencies to global uniformity.[2]

2.2.5 According to the modern understanding, the *state* is the established political order which regulates the common life of citizens in society for a particular territory.

It is decisive that the state order enables its citizens to participate with equal rights irrespective of race and nationality, religion and world view, sex or party membership. A state based on democratic acceptance sees its main task as being to give effect to the political will of the citizens as the true sovereign by means of majority decisions. To this end it enjoys the necessary power, but it receives this for a limited period and it is limited by the separation of powers. Although the exercise of power is subject to public control, even in a state with a democratic constitution the abuse of power cannot be ruled out.

The state, as has already been stated, can be used to support an ethnic definition of the concept of nation or even nationalism. The European nation states, especially Germany, provide examples from recent history which are warnings about the state being used as a nationalist instrument. Such dangers may be met by the protection of ethnic, cultural and religious minorities as already embedded in the constitution. In this respect the Europe-wide migrations and demographic processes constitute a particular challenge.

The possibility of an abuse of power can also be found in the functional relationship between the state and other organisa-

---

[2] Apart from this, especially in Asia and Africa there is a particular way of speaking about nation (*nation building*) where it is a question of forming new states both in contrast to a traditional tribal awareness (tribalism) and also over against colonial administrative structures.

tional forms in society such as the economy, law, science and culture. Here it must be asked to what extent the state should intervene to regulate these realms, especially in the economy. But there is also the question whether, in view of the growing dominance of the economy, it really can intervene or rather tends to become the representative of economic interests.

Just as the function of the state varies »inwardly«, it is also problematic »outwardly«. On the one hand, states are surrendering more and more of their sovereignty to supranational structures, such as the European Union, and, on the other hand, nation states with their traditional functions are increasingly losing their significance in the context of economic globalisation.

2.2.6 In the process of abandoning an order based on classes, the feudal economic and social system and an absolute understanding of the state, the conception of *society* in the modern sense evolved towards the end of the 17th and during the 18th century. In this sense, from the very beginning the term »society« has been a critical emancipatory term and combined with the claim to shape conditions in a new way. Since society as such is not an object which can be perceived directly, to talk about »society« serves as a guiding perspective and, within that context, the various elements and characteristics of »society« as a fundamental factor and structure for human existence can be examined together with the specific concrete forms of self-realisation of society which have evolved in the course of history.

The discussion of social theory raises three fundamental questions. Firstly, there is the question of the historical (evolutionary) development of society expressed in language (religion, culture, science), in work (economic and social structures, treatment of nature) and in domination (relationships governing political power, legislation). Secondly, there is the matter of the relation between the social and cultural norms and behavioural patterns established, acquired and demanded in a society and the freedom of play allowed for change and individual expression in life. Thirdly, as a consequence of the high degree of diversity and complexity in modern societies, the question is raised of the integration, unity and self-determination of a society in a plurality of increasingly diverse partial systems. This is related to the question of fundamental, overall conditions (basic rights, democratic rules of procedure) and of guidance provided by (philosophical and theological) world views which make different expressions possible but also limit them.

»Society« as the guiding perspective opens up a framework of awareness which should be taken into account for the understanding of people, nation and state but also for the understanding of church. It makes it possible to see the nuances in the development of and the conditions created by modernism. In the emerging discussion about the contribution of the civil society in Europe, churches are also called upon to determine their position and fill it out under their own given conditions.

2.2.7 The predominant ideas connected with people, nation and state in the past appear in a new light in view of the processes of rapid social change which are summarised by the slogan *globalisation*. It is taking place in both politics and culture but, above all, in the economy with the interrelationships in international trade, transnational enterprises and direct foreign investments. The international finance markets, in particular, have undergone an explosive development. They channel enormous sums of money around the globe with a view to high profits. In this way, more can be earned in a very short time than would ever be possible through gainful employment.

Globalisation results in increased migration caused by political and economic constraints. A multicultural society is becoming more and more a reality in many places with all its problems of integration and cultural diversity. Whatever content and significance one ascribes to globalisation, it raises urgent new questions which concern national, cultural and religious identity and otherness. While globalisation is certainly a fascinating phenomenon, it awakes in people a profound existential anxiety. This anxiety is aggravated by the concern about the free movement in labour markets and the future of social security systems.

There are equally real threats to the existence of those who have no possibility of safeguarding their lives by work. It seems increasingly difficult to find a balance between those who are more or less able to succeed in society. Transnational enterprises are to a large extent beyond national control. That results in a redistribution of power – hardly noticed in public. This development has produced various counter-movements. New processes of regionalisation are evolving. And there are also new fundamentalisms and new nationalisms.

Hence there is a growing recognition that economic activity, like the internal and external security of the state, should be subject to democratic control. And the question of justice in a humane society is being raised again. How can transformation processes of such global dimensions not only benefit a few but serve the wellbeing of humankind as a whole? In general, how much transformation can human beings bear? How much »uncertainty« can they tolerate?

3 The Church in the tension between People, State and Nation – historical insights

3.1 The Reformation in the context of social and political development

3.1.1 From the very beginning and in accordance with its nature, the Reformation and hence the evolution of the Protestant churches were strongly influenced by the general political and social development as well.

3.1.2 Politically, the Reformation movement was associated in the framework of the Holy Roman Empire of the German Nation with endeavours to strengthen and expand the autonomy of the traditional feudal structures (principalities and imperial cities). This was done by emphasising old imperial privileges over against the various claims by the emperor or the pope that Roman law was absolutely universal. The situation looked quite different in Scandinavia, Great Britain, France or the Iberian Peninsula, with monarchical nation states which had been established for centuries or were newly established at the time of the Reformation. There, state policy had a major effect on the success or failure of the Reformation – and sometimes naturally also *vice versa*. In Scandinavia as in England, the Reformation was imposed »from above«. In contrast, in Switzerland, Scotland and in the Netherlands, the Reformation brought about a far-reaching re-ordering of national political structures as well. In France, the Huguenots formed a kind of »state within the state«, if only for a short time. In Portugal, Spain and the areas that now constitute Italy, the Protestants remained a small minority subject for a long time to discrimination and sometimes to persecution. To this extent the Reformation became a historical reality within a diversity of reformations, some with a national emphasis. These different situations produced different links between church, nation and state which still have an effect today.

3.1.3 In the cultural field, national languages developed in contrast to the universal use of Latin. There was conscious emphasis on the language of the peoples which was also used in poetry (minstrels, troubadours, trouvères). Martin Luther's translation of the Bible had a decisive influence on the development of High German. Much the same can be said about the development of the national languages in various other European countries such as Hungary, Czech Republic and Slovenia. At the same time the classical languages were cultivated by monasticism and humanism: classical Latin, in contrast to what was considered to be inferior mediaeval church Latin, as well as rediscovered Greek and Hebrew. In this sense, the culture of language was cultivated in both directions.

3.1.4 Since it was not possible to carry out the Reformation in the Western church as a whole, it came to prevail only in specific, relatively independent political regions. Thus, within the German Empire it was individual princes or free imperial cities which adopted the Reformation. This resulted in many regions in the establishment of »regional/territorial churches« with the princes as »emergency bishops« who then, in practice, became the heads of the territorial churches. Lutheranism then went on to develop a uniform, relatively complete set of confessional documents that could be adopted by states which identified with the Reformation (e.g. Sweden). The Reformation of political entities in the areas of the Reformed churches took place on the basis of regional, Reformed confessional statements, e.g. the Helvetic, the Scottish or the Hungarian confession.

The numerous migration movements in Central Europe resulted in many cases in a confessional definition of nationality. Hungarian Reformed and Slovak Lutheran congregations were formed in what is now Yugoslavia, for example, by forced resettlement of Protestants by the Habsburg monarchy in Transylvania and along the »military border« opposite the Ottomans.

3.1.5 From the very beginning, the Reformation was always concerned to translate the Scriptures into people's language. Each person had to be able to read the Bible independently, to encounter the Word of God in his/her language and form his/her own autonomous opinion. Using the language of the people in the church made it possible for all members of the congregation to participate in what was happening in the church. Sermons were given, hymns of praise to God were sung and prayers were offered in the national languages. Although it is true that hymns in the national languages also existed in the Middle Ages, they were used only in worship and devotional acts apart from the mass. This duality came to an end with the Reformation and generally the whole service was conducted in the vernacular. Therefore it was important for the Reformers to promote literacy among the people.

3.1.6 From the start the Reformation was a movement intended for and supported by the people. That was one of its common European characteristics despite the different political conditions. At the same time the Reformation saw itself as transcending peoples. In this sense it was international. The extensive correspondence of people like Melanchthon, Calvin or Bullinger, in particular, and of many other Reformers evidences it. They corresponded with the whole of Europe including Orthodoxy and thus as far as Constantinople. The influence of the theological faculties and academies is further evidence of how the Reformation transcended national borders.

3.2 Modern developments

3.2.1 With the French Revolution, the term »nation« acquired a new meaning. Nation was defined as the new political subject. In contrast to other states, nationalism in France acquired its special characteristics. Hence the »people« also became a subject which went to war in the revolutionary wars. The national army replaced the professional forces of earlier times.

3.2.2 During the wars of liberation, Germany demonstrated a strong national consciousness with anti-French and anti-Enlightenment characteristics. Based on it, romanticism set out to find the mythical roots of the peoples. There was growing interest in groups of people and in national culture. Under the Habsburg monarchy, a number of ethnic groups developed their own national consciousness and created their own literary languages. These developments also influenced the church and theology.

3.2.3 Particularly in the Lutheran theology of the 19th and early 20th centuries, people began to speak of state and people as divine orders of creation and preservation. The functional determinations recognisable in Luther's thinking (the goal of the social order and task of the state is to preserve life) were changed into an (ontological) conception of the state and the nation as entities established by God. In contrast to all the emphasis on the historical evolution of the state, which can be seen more clearly against the background of modern developments than in Luther himself, the idea of state and nation as entities established and entrusted to us by God in their historical form came to prevail. The corresponding view was that »people«, as an entity resulting from creation, was also seen in the light of a change in theological history as a community with a common destiny. The fact that »peoples« which could even be limited to national state territories do not exist, and that the separation into nations is also the outcome of historical developments and human decisions, tended to be ignored.

3.2.4 In addition, especially in German Lutheranism, there was a clear tendency to follow paternalistic patterns of authority (alliance of »throne and altar«). Over against secular grounds for state and nation, it was stressed that the authorities were appointed by God. In contrast to modern individualism and the beginnings of pluralism, preference was given to the conception of people and nation as living organisms. The priority of the community over the individual and the duty of the individual to work for the welfare of the whole community were emphasised with a (supposed) reference to Luther's ethics.

3.2.5 Apart from the view that the authorities were appointed and designated by God, there was the distinction between spiritual and secular government which was also traced back to Luther. The two views combined to encourage a clear distinction between the ministry of the church and the ministry of the state. They also made it possible to distinguish between the mandate given to all people – including Christians – to maintain the secular order and what was incumbent on Christians as their personal responsibility in the light of the freedom of the Gospel. But this caused people to lose sight of the link between God's two forms of governance, with the consequence that secular governance was considered to have its own »autonomous laws«.

3.2.6 It thus became generally evident that, based on a combination of fundamental theological principles (national language, church organisation with an emphasis on the congregation, particular interpretations of Luther's ethics) and of historical developments in general, »unholy alliances« were formed with an authoritarian state and, above all, with the new nationalisms. Something which had been a statement of function in the Reformation was exalted to the level of an ideology.

3.3 Current situation

3.3.1 As was already mentioned above, in Protestantism since the Reformation there have always also been transnational tendencies besides its tie with people, state and nation. As the Protestant states entered into the colonial age, it was natural for their horizon to broaden and embrace the whole world. The exiles from the religious wars were world citizens, like Comenius, perhaps the most important among them. Those who emigrated to America for religious reasons also left their national roots behind them and followed a path into a new world in an awareness that that was the way God was leading them.

3.3.2 In 20th-century Europe, the relationship with the state remained a critical point. Although Luther's teaching about the two forms of God's governance had arisen as a protest against the church's claim to universal authority, it also indicated that worldly holders of power had their limits. In their conflict with the National Socialist regime in Germany, it also gave Lutherans a basis for their right and duty to resist. According to the Lutheran and Reformed tradition, the state is expected to provide protection for the Christian faith. For the Reformed conviction, this does not exclude a critical attitude to the state. This also logically led to resistance, as in France and the Netherlands. In most Protestant countries, the experiences of World War II, in particular, encouraged a culture of the responsible citizen who resisted any state with an excessive ideology, including one with a unilateral Christian basis and emphasis.

3.3.3 Some streams within Protestantism have particularly emphasised this side albeit for different reasons. A critical attitude to the state may have different expressions and motivations, like the Anabaptists, for example, who refused any kind of armed resistance, the free churches which rebelled against the state church or in many segments of the revival movements between 1750 and 1850. For the sake of honesty, however, it must be recalled that the Anabaptists – apart from some islands of tolerance – were persecuted for their religious convictions, expelled and executed like other radical Reformation movements even in areas where the Reformation had become established. Movements critical of the state were also not very welcome elsewhere in the Reformation churches.

3.3.4 But in the relation between the Reformation churches and the state it was not just a question of a theological affirmation of the state or of critical question to the state but also of constructive cooperation in moulding the state. The modern diaconal and socio-political initiatives have Reformation roots, as did the groups particularly active in the social conflicts of the 19th century and in establishing trades unions. It is no coincidence that, in connection with the search for guidelines for Europe as a whole, for example, it was discovered that the »principle of subsidiarity« was not of Catholic but of Reformed origin and had been formulated very early, e. g. in the French church order of 1559.

3.3.5 The ecumenical movement of the 20th century defined itself not only as a church movement but also as transcending nations. Here it was significant that one express aim of this movement was to establish a balance between confessional churches with their national characteristics, initially in areas of mission, and then also to contribute to reconciliation between the peoples after World War I. These very efforts for national reconciliation between the warring parties of World War I made people aware how important it was, on the one hand, to work for reconciliation between the nations and, on the other, how difficult this task was in view of the considerable differences in the attitudes of the churches. In addition, the disagreements over the German church struggle had a number of consequences for ecumenism. This led the World Conference on Life and Work at Oxford in 1937 to deal specifically with nationalism and warn people of the dangers of nation states.

3.3.6 Finally, mention must be made of the quite numerous endeavours to hold fast to the *one* Church transcending a world divided into blocs, especially in Europe. At the same time, the Protestant churches in particular were trying to develop a pan-European identity, not based on the idea of renewing some conception of a pre-modern unity, but through the cooperation of all concerned, while respecting the autonomy and diversity of the various churches.

3.4 Insights gained from the historical development

3.4.1 A historical review makes it clear that Protestantism in Europe can be seen as a movement with two faces. It has undeniably deep roots in the language, culture and history of the people. It is firmly anchored in its national identity and often in a particular state structure as well. It this way it has influenced the state but also been influenced by it. Such close ties were probably unavoidable in order for it to hold its own against the universal claims of the Roman Catholic Church. In this sense, one can only speak of the Reformation in the plural, namely of individual reformations with regional ties and differences.

3.4.2 There is no intention to deny or trivialise this diversity. On the contrary, it contributes to the wealth of the Reformation churches. But at the same time it points to their danger. Their particular cultural, territorial and often also national characteristics have often not made it easier but more difficult for the churches to have access to expressions of Christianity of a different confession or culture.

3.4.3 The ecumenical movement of the past century has contributed to a considerable broadening of the horizon at this point. It has helped to see one's own origins in a new light so that the other face of Protestantism could be more clearly recognised. Now it is clear that it did not only have an individual emphasis but from the very beginning had within it the tendency to overcome particularity, even though this took effect only to a limited extent. In the Life and Work movement and in the conciliar process for justice, peace and the integrity of creation the churches recognised responsibility for the world as their common task.

3.4.4 The Reformation was concerned about a renewal of the whole church in line with the Gospel without wanting to sacrifice its unity to this end. The specific characteristic of the Protestant churches, namely their close link with people and nation, language and culture, had marked them in different ways but is a common phenomenon among them. It unites them more than it divides them because the root is undeniably the same: people must be able to hear and understand the word of the living God in their own languages. The priority given to the Bible in this connection is no longer a Protestant prerogative today. Therefore the churches of the Reformation owe the experiences and insights they have gained all the more to the ecumenical community.

4 Examples

The relationship between people, state, nation and church has taken diverse, sometimes very different forms in the case of Protestantism. The following cases will provide evidence of this. They have been chosen to show examples, at least, of essential aspects of these various types of relationships. Therefore no completeness is claimed either for descriptions of present situations or of historical developments. No generalisations should be derived from these examples, because there are differences even in how they are perceived within individual countries.

The members of the Regional Group are aware that the selection and presentation of the following examples will give rise to a number of critical questions. It nevertheless seems essential to give at least some examples of the particular history and different experiences of various churches with people, state and nation in the context of the basic theological discussion.[3]

4.1 Transleithanic Central Europe

In Central Europe at the present time the Protestant churches are living in the context of a historical development from multinational to national states. The churches in this area, which also comprises the region stretching from Slovakia via Hungary and Slovenia to Romania, have a number of historical and contemporary characteristics in common.

[3] All member churches of the LCF describe their particular relations to Europe in a book entitled »En route towards Europe – Perspectives of Protestant Churches«, ed. by H. J. Luibl, Ch.-R. Müller, H. Zeddies on behalf of the Executive Committee of the LCF, Frankfurt/Main ²2002.

- Reformation churches came into existence straight away in the 16th century immediately following the reformations which started in Wittenberg, Zurich and Geneva.
- When the spread of the Ottoman domination ended, there were major shifts in population. Ethnic groups were transferred to the regions devastated by war and depopulated and to the »military border«. Empty areas were settled. In the course of the Habsburg Counter-Reformation, many Protestants were compelled to move to other parts of the country.
- The multinational states collapsed; the Austro-Hungarian monarchy after World War I, Yugoslavia and Czechoslovakia after 1989. World War I resulted in new state borders and, as a consequence, Protestant churches and ethnic groups which originally belonged together were separated. For example, two million Hungarians and more than 800,000 Germans were living in Transylvania after World War I. Under the monarchy the repression of powerless national groups reinforced the strong desire for their own states. The result was the development of new, small, multinational states with strong national-state tendencies among the majority population.
- The states and churches which came into being inherited the national minorities of the past. Now the churches face the challenge of being a living example of how society should deal with minorities.
- National socialism was part of their common experience. It was able for a short time also to create its own political structures in certain countries (e. g. nationalist parties).
- They had the common experience of the Marxist-Leninist ideology and its related totalitarianism, with the oppression of the churches and attempts by Communist governments to neutralise the churches ideologically, but also the common experience of confessing the Gospel in the face of totalitarian power.
- They experienced common developments of citizens' involvement in societies on the basis of democratic principles and of regaining a holistic understanding of the church's mission which includes responsibility for culture and social service.

- They share common endeavours to be accepted into the European cultural, economic and security structures.

In this area, there are two types of Protestant churches:

- Large »folk« churches which form a considerable confessional minority but not an ethnic minority, such as the Lutheran Church of Slovakia or the Lutheran and Reformed churches in Hungary. These churches also comprise various language groups, but they are not equally large.
- Churches of various sizes which constitute both confessional and ethnic minorities. They all have »folk« church structures, although in certain cases such as Romania and former Yugoslavia they are restricted to very small areas. A main characteristic of all these churches is the close link between confession and ethnic group.

There are also differences in the readiness and the capabilities of the churches to engage in the political affairs of their countries. Whereas in Hungary and Slovakia they have a traditionally high standing, the small minority churches are struggling to maintain their traditions and rights.

The ethnic minorities in the new nation states are an enrichment, on the one hand, but, on the other, they also constitute a potential for conflict. In this sense, it is a challenge for the churches not to become involved in the activities of such political and nationalist groups as either make hegemonial claims that transcend the state or try to assimilate or discriminate against the minorities. On the contrary, it is the task of the churches to point emphatically to the universality of human rights, the fundamental strength of a democratic society in which the citizens participate and the idea of social pluralism.

In addition, the »folk« churches face the problem of how they deal with minorities in their own midst. For example, one finds:

- a Slovak speaking minority in the Reformed Christian Church in Slovakia where the majority speaks Hungarian,

- Slovak and German speaking minorities in the Lutheran Church in Hungary,
- Hungarian and German speaking minorities in the Evangelical Church of the Augsburg Confession in Slovakia,
- Romanian and Slovak speaking minorities in the Evangelical-Lutheran Church in Romania, which has a Hungarian speaking majority.

Minority Protestant churches often have great difficulties in resisting the pressure to assimilate. The situation of the German speaking Lutheran Church in Romania (Transylvania) is particularly depressing. Many years of emigration have caused this church to lose most of its members. The only people to remain behind were usually those who were too old to emigrate or whose marriages were mixed either nationally or confessionally. Although historically understandable, it is a burden on this church that it sees national and church identity as inseparable. Precisely because all of these churches have had to live for so long as confessional or national minorities in an alien setting and still do so, these experiences could help them develop a sensitivity for just relationships with other minorities and even with majorities in their particular countries.

The military conflicts in ex-Yugoslavia and the related movements of population have caused the churches of Central Europe to undertake joint diaconal activities to help those who have suffered the most from the conflicts and expulsion, which has resulted in new ecumenical cooperation transcending all frontiers.

4.2 Czech Republic

The strong will of the Czechs to break free from the Habsburg monarchy, defend themselves against Hitler's Germany, be free of the Soviet dictatorship and form their own national state is closely related to a discussion over decades about the role of state and nation and the influences of religion on Czech history.

Whereas Tomáš G. Masaryk, the first president of Czechoslovakia, interpreted modern Czech history as a deliberate reflection on the heritage of the Czech Reformation, others such as the historian Josef Pekař saw the Czech nation as being based on baroque Catholicism. This disagreement has become more acute because of the extremely loaded question of the relationships between Czechs and Germans. Early on in this discussion, the philosopher Emanuel Rádl identified the crux as being a particular kind of nationalism constituting a dangerous exaggeration and capable of becoming a substitute religion. A state which is founded »only to express the national character« makes it impossible »to understand the nation as the realm of morality and ideals«.

The challenge at present in the Czech Republic is whether the churches will succeed in contributing to overcoming the historical tensions between Catholics and Protestants and between Germans and Czechs. After an intensive work on this issue, the Evangelical Church of the Czech Brethren produced a synod declaration in 1995. It describes the long history of Czechs and Germans in the Czech lands of Bohemia and Moravia, names the faults made by both sides, asks for forgiveness and calls for reconciliation. This declaration was received very positively in Germany, as evidenced by a synod declaration of the EKD in 1996. The two synods formed a joint working group which worked on the wounds of the past as well as the signs of reconciliation and common path in the future.[4]

---

4 Cf.: »Der trennende Zaun ist abgebrochen« – Zur Verständigung von Tschechen und Deutschen [The Fence of Separation Has Fallen – on the communication between Czechs and Germans], Leipzig 1998.

4.3 Austria

The experiences of the Protestants in Austria cannot be grasped without taking account of the history of the Habsburg monarchy. The Reformation had already reached the states of present-day Austria in the twenties of the 16th century. After it had begun to spread among all classes of the population, the Habsburgs organised a massive movement to counteract it whose success was owed not least on the use of military force, forced resettlement and expulsion. It was not until 1781 that Joseph II granted tolerance and the right to personal religious practice to the Jews, the Orthodox and the Protestants.

At the end of the 19th century the Protestant church experienced a new membership movement which pursued both anti-Catholic and anti-Habsburg aims under the slogan »away from Rome«. The »away from Rome« movement mainly supported a German national policy. This encouraged the Protestant church to begin to look increasingly to Germany after 1918. During the period of Austrian fascism in the thirties, many of those who joined the Protestant church were social democrats. At that time the Protestant church had sympathies with pan-German and German national trends and finally also with national socialist tendencies. It welcomed the annexation in 1938.

Thus, the Protestant church in Austria has developed a dual identity: on the one hand it saw itself as a victim of the dominant Roman Catholic Church and the Habsburgs, and it was itself a perpetrator, on the other hand, especially with regard to the outlawing and persecution of Austrian Jews between 1938 and 1945.

Following 1955 with the conclusion of the state treaty with the allies and the declaration of perpetual neutrality, Austria took advantage of its position between the two blocs and gained a reputation as a bridge and place for encounter. The Protestant church also undertook this function and offered to be a context for conversations and a mediator for churches in the East and West. It is no coincidence that the meetings of the Leuenberg South and Southeast Europe Regional Group have been held for years in Austria. These experiences were also beneficial later on for the Second European Ecumenical Assembly in 1997 in Graz and for the enlargement of the European Union.

The prevalent Protestant reservations about the Austrian state, which grew out of that history and lasted into the second half of the 20th century, and the simultaneous yet contradictory traditional Protestant deference to authorities long made it difficult for the Protestants in Austria to find a stable position. This task has been taken up only in the past two generations and has not yet been completed.

4.4 Germany

When building up Protestant church structures, the individual regional rulers – in line with a demand of Luther's – often adopted the function of »emergency bishops« (cf. 3.1.4). As this development became established, church administration was exercised in practice by state organs. The regional (»territorial«) church became identified with the territory governed by the regional ruler and corresponded to his confession. The principle of the Augsburg religious settlement of 1555, »cuius regio, eius religio«, applied in areas ruled both by Protestants and by Catholics. The important thing for Protestantism in Germany was that the Lutherans obtained imperial, legal recognition of their rights as early as 1555, the Reformed churches only with the Peace of Westphalia in 1648, while the Anabaptists remained excluded from any settlement together with the whole »left wing of the Reformation«.

After the dissolution of the Holy Roman Empire of the German Nation in 1806, territories marked by different confessions were united to form the newly established German states. In the place of church membership based on regions there was a contractual guarantee of religious practice. The multi-confessional states of the German Federation (1815–1866) still remained committed to the concept of state churches with the state ruler as their supreme head.

The alliance between »throne and altar« finally came to an end in 1918. Although this made the regional churches legally autonomous, they still related territorially and structurally to the governance of the past. The Weimar constitution put an end to the state church with the formal separation between church and state. It guaranteed the churches their right to self-determination, but simultaneously left their standing under public law unchanged, together with the associated privileges. This is why it has been called a »limping separation«. Since that time, relationships between state and church have been ordered on the basis of negotiated agreements.

National Socialism tried to gain control of the church by subjecting it to the totalitarian claims of the state and claiming the quality of revelation for itself. The »Confessing Church« resisted this thinking. The theological foundation for its objection was expressed in the Barmen Theological Declaration of 1934, although only a few individuals drew the conclusion from it of resisting the unjust Nazi state. The responsibility for this shortcoming means that, even today, one of the tasks of the church is repeatedly to make the Barmen Theological Declaration the criterion for its relationship with the state.

The Federal Republic of Germany adopted the provisions of the Weimar constitution on the relation between state and church in its »Basic Law« (constitution). The latter guarantees freedom of religious and church practice and also commits the state to a neutral worldview. The relationships are marked both by mutual respect for independence and by mutual cooperation. Cooperation is governed by agreements of various legal types and relates above all to educational responsibility (religious education, chairs of theology), to military and prison chaplaincy, collection of church taxes by the State and social and diaconal work.

In the German Democratic Republic, the principle of the separation of church and state was implemented consistently, including self-restraint when it was in the state's interest. But this did not prevent the ruling party from having political, ideological and, above all, administrative influence on the church with the help of the state. However, the Protestant churches were able to prevent intervention by the state to a large extent by referring precisely to the principle of separation. And at the same time they had to make clear that they also shared responsibility for the wellbeing of the people and society. For the sake of the Gospel, they were called to exercise »critical solidarity« in the tension »between adaptation and refusal«. The Theological Declaration of Barmen was most significant for determining where they stood.

4.5 France

The relationship between church and state in France is characterised by the concept of »laïcité«, which has no English equivalent. It means that the state is not related to any religion and rejects any influence of the church on the institutions of the Republic. »Laïcité« also means that the state in turn does not exercise any influence on the internal life of the church. »Laïcité« gained its particular importance as a result of the struggle initiated by the French Revolution against the Catholic Church's domination of French society under the Ancien Régime and against its attempts to regain a privileged position in the French society in the 19th century.

In the struggle for »laïcité«, the French Protestants recognised their opportunity to develop as a minority. Two forms of »laïcité« emerged from this struggle:

- One form of »laïcité« arose from a radical separation of church and state, as demonstrated in 1905. From this perspective, religion is a purely private matter. As a result, religious lessons are forbidden in public schools. Churches may be organised as private associations, but they receive no financial aids. The state guarantees the free exercise of religion for all.
- There is another form of »laïcité«, a milder one, the »open laïcité«. It was specified in the statute set out by Napoleon in 1801/1802, and still exists in Alsace. In this form of »laïcité«,

the state does not commit itself to any church, but allows religious lessons in public schools. It supports the established traditional religious communities by paying salaries to the clergy.

The radical separation of church and state, as introduced in 1905 in France, has since been gradually moderated. Chaplaincies financed by the state could be established in the armed forces, prisons and hospitals.

At present time the State of France accepts and expects the voices of churches in the national ethical commissions and the media. Those voices find a sympathetic ear in questions of ethics and social politics.

The defenders of the »radical laïcité« are still active. They have been vocal especially on the »scarf issue«, trying to forbid Muslim girls and women to wear their traditional scarves in public schools.

Churches are wondering whether the state for its part had better see to it that »laïcité« be kept instead of passing a specific legislation against »cults«.

Alsace, home of a Lutheran and a Reformed church, has never experienced the radical separation of church and state, because it still belonged to Germany in 1905. This resulted in a distinctive political and cultural development of the region. Some worship services have always also been held in German.

4.6 Methodist Churches

In comparison to the different expressions of the relation between church, people, state and nation in the churches of the Reformation, a look at the obviously varied positions of the European Methodist Churches is instructive, the more so since many of them have entered into a special relationship with the Leuenberg Church Fellowship.

Methodism emerged from the Church of England, but did not separate from it formally for more than forty years (1784 in the

United States; starting in 1797 in its native country). In North America, however, where there was no state church after the Declaration of Independence, separation from the state became a basic principle of churches' existence. In the British Isles Methodists have adopted various attitudes towards the state from firm loyalty to vigorous dissent. In some countries the Methodism of the British tradition has effectively become an established Church (e.g. in Tonga) while in others (e.g. Italy) the free church tradition is characteristic. In the United States and the Methodist branches which originated there, separation from the state has remained a fundamental principle of Methodist identity and church organisation. Most Methodists today see themselves as citizens committed to their states in critical solidarity. Methodist organisation and structures usually take account of national borders, although there is also a strong sense of »Connexion« between Methodists across national borders and ethnic divides which has mitigated the worst excesses of nationalism. In the European context in recent years, it has sometimes been very helpful that Methodists do not define themselves by their national identity but by their transnational Methodist identity. Perhaps the most constructive example is Ireland where one Church exists in the two separate political jurisdictions of Northern Ireland and the Republic of Ireland, and where the Church has consequently played an important reconciling role.

In Europe, there are two main Methodist traditions: one branch which originated in the British Isles and another from the United States, the United Methodist Church. The United Methodist Church has four Episcopal regions: Northern Europe, the Commonwealth of Independent States, Germany, and Central and Southern Europe. Churches which come from the British tradition have either become autonomous churches (Italy, Portugal) or joined united churches (e.g. France, Belgium, Spain).

5 Biblical bases and constitutive theological insights

5.1 Biblical orientation

5.1.1 The Old Testament speaks about the one people of God in the midst of the community of nations. God in his freedom chooses this *one* people from all the nations to be *His* people. By »electing« it, JHWH makes a covenant with it (Ex. 19:3; Deut. 7:6). This election and this covenant are maintained by God even in times of unfaithfulness and turning away from God, as so often bewailed by the prophets.

5.1.2 Naturally, there are more nuances to be recognised in the historical and the theological situation, because an identity between a »people of God« understood theologically and the historical entity »state of Israel« did not exist from the very beginning. The state was established much later. During the period of the kings, this identity was also questioned repeatedly by the disobedience of king and people to the God of the covenant. After the exile, a clearer distinction was made between the people and the state of Israel. The relationship between the one people and the nations also changed. But some basic features can be clearly identified.

5.1.3 Israel confesses that its God is also the God of all the nations (Ps. 98). The prophets also address other nations (Is. 13–23; Jer. 46–51; Ez. 25–32). In the tables of the nations (e.g. Gen. 11), there is a presentation of the relations of the nations among themselves, with the people of Israel and thus with JHWH. The promise to Abraham establishes a relation between the people of God and other peoples: in Abraham's descendants all nations will be blessed (Gen. 12:3).

5.1.4 Alongside efforts clearly to distinguish between the people of Israel and other nations (e.g. in the Book of Ezra), the expectation existed (e.g. in the books of Ruth and Jonah) that other nations would also be included in God's plan for salvation in a similar or the same way as Israel. Here one must refer particularly to the great theological visions of the pilgrimage of the nations to Mount Zion (Is. 2:1–5; Mi. 4:1–3).

5.1.5 As reported in the New Testament by the Gospels, Jesus saw his mission as directed to Israel. In his preaching he took up the Old Testament expectation of the dawning and perfection of the Kingdom of God. But he gave it a turn which was unexpected for the Jewish people when he said: The Kingdom of God has come upon you (Mk 1:15; cf. Luke 11:20). The coming of the Kingdom of God was also considered in Israel's theological tradition to be an event that concerned all people. In this sense it was logical for Jesus also to turn to people belonging to other nations on various occasions (e.g. Mk.7:24–30 and parallels). In this way he indicated that he no longer saw the Kingdom of God as being limited to the borders of Israel. This is quite evident in the light of the event of the cross and of the resurrection of Jesus, and also in the preaching of the Apostle Paul who reflects on the history of Israel in combination with the history of the new covenant (Rom. 9–11).

5.1.6 As a result of the impetus which came both from Jesus' life and from his message, the Christian church understood itself and its missionary task as transcending and uniting nations. The vision of the pilgrimage of the nations to Zion was transformed and expanded to become the commission to preach the Gospel to all peoples (Acts 1:8; 8:10; cf. Mt. 28). The story of Pentecost gives an impressive picture (Acts 2) of the fact that, and the way in which, the Gospel of Christ relates to all peoples, languages and cultures.

5.1.7 The relation between Israel and the representatives of the nations, who are called by and converted to Christ, is the subject of intense reflection, especially in Paul's writings and in the Letter to the Ephesians. In every case, there is reference to »brothers«. The Gentiles have been added to the people of God, according to Paul (Rom. 9–11). That does not imply that Israel has lost its unique position as God's chosen people. Yet at the same time the horizon is broadened. »The whole of Israel« (Rom. 9–11) now also comprises the Jewish Christians and no longer just the Jews who reject Jesus and his message. In any case, the salvation of Israel is linked with the time when the »full number of the nations has obtained salvation« (Rom. 11:25f).

5.1.8 The sovereignty of God which has begun opens up a new future for us. This future has a dual dimension. On the one hand, it is marked by the God who reveals himself in Jesus Christ with whom the kingly rule of God has already begun. On the other hand, the final goal is still ahead. It will be reached when God's rule appears in its fullness – as judgement and grace – and when Jesus Christ finally makes the promise real: »Behold! I make all things new« (Rev. 21:5). This historical context before the times are fulfilled is where human beings should care for and give shape to the world entrusted to them by God.

5.2 Explanatory notes on the understanding of church

5.2.1 The »holy catholic church«, which is believed and confessed in the third article of the Apostles' Creed, is at home in all the spheres of humankind and a stranger at the same time. Those who belong to it share »already now« in God's Kingdom as the community of believers. That is what constitutes the »authority« of the church. It marks the personal lives of Christians in faith, hope and love. They want to share what they have received as an unmerited gift with others, in the church and beyond it. Since the church exists for all people irrespective of whether they belong to it (II Cor. 5:19; I Tim. 2:1 f), Christians have the task of witnessing openly and publicly to others about what supports and gives meaning to their lives, and also of putting it into practice in responsibility for a humane society.

5.2.2 Christians know that this will always only succeed symbolically, partially and imperfectly. They too are not immune to being led astray into unbelief, self-seeking and hopelessness. Not that God's concern for the community founded by Christ is lacking or that God withdraws his promise; it is what Christians make of it that constitutes a life in faith, love and hope which can be no more that a conditionally successful and »provisional« life. Perfection is a promise which lies beyond judgement and grace.

5.2.3 The church shares in this brokenness. It is a sign of the rule of God but »not yet« its perfection. It is not the Kingdom of God itself and hence it is provisional and penultimate. So the universal Church of Christ exists in particular in the form of the churches moulded confessionally, territorially or nationally. That constitutes the church's wealth but also its limitation. It exists only within a diversity of extremely human institutions. That underlines its »conditionality«. Nevertheless, the one, universal Church of Christ is to be found in the many churches. The distinction must be made but it should not become a division. This ambivalence belongs to the church. It strengthens the hope for growing community in »reconciled diversity« and it nourishes confidence in the ultimate: the perfection of the Kingdom of God.

5.3 Explanatory notes on the understanding of people and peoples

5.3.1 The existence of a plurality of »peoples«, i.e. of groups of people who come together to form a »unit« according to descent, language, land and cult, is something of which the Old Testament is aware as a historical reality. Irrespective of its particular history with God as the one People of God, Israel can even be expressly included in this plurality. Thus, the possibilities and dangers of the plurality of peoples and of their interrelatedness are viewed soberly. The diversity of peoples is experienced as enriching, but simultaneously as dispersion and separation, as a possibility for good neighbourly cooperation or for violent disputes and mutual oppression.

5.3.2 One cannot derive talk about a people as an order of creation from the statements of creation theology, namely from what is said about the relation between God and His people Israel and the relation between this people and other peoples, nor from eschatological expectations. The fact that there are peoples is a consequence of the diversity of creation, but at the same time dispersion in the world of the nations is also interpreted as God's judgement.

5.3.3 The statements of the New Testament also follow this line. The peoples are part of the world which God created and preserves. As such, they experience God's kindness and concern, are all subject to God's power and are called to give account to God. The New Testament sees states and peoples as real factors which it takes seriously (I Cor. 7:31). This applies particularly to the witness from the time when the church realised the second coming would not be immediate and began to raise questions about its form and tasks for its further journey through history.

5.3.4 At the same time, cultural and ethnic differences were relativised, both in the way individual believers saw themselves and in the way the Christian church as a whole understood itself. Both »Jew« and »Greek« had become »one in Christ Jesus« by faith and baptism. Living »in Christ« meant: in the realm of the new existence determined by the Christ event, the old compulsions of separation and differentiation that affected social life had lost their ability to determine historical existence. In view of the commission to preach the Gospel, the currently determining socio-cultural distinction between »Greeks« and »barbarians« (Rom. 1:14), namely between people influenced by the dominant world culture and those unaffected by it, also became irrelevant. And conversely, the »peoples« which were previously pagan did not become »Christian peoples« by believing in the message of salvation, nor did the converted Greeks become »Christian Greeks«. By believing in Christ they became the people of God, a community that saw itself as the body of Christ. To apply the biblical conception of the people of God to individual peoples is to fail to understand the people of God in an appropriate way, based on how Christians understand themselves in their living experience of faith as the one, worldwide, eschatologically gathered people of the one God.

5.3.5 The fundamental approach for a theological evaluation of a »people« must therefore be that Christians allow themselves to be determined by Jesus Christ in all the realms of their lives. Understanding the world as God's creation, perceiving the structures and orders in this world and life, but also the threats to life and community from the power of sin, the new possibilities of living and acting in and on the foundation of faith, love and hope – all these can be grasped on the basis of God's saving action in Jesus Christ.

5.3.6 By virtue of creation and the making of humankind in the divine image, human beings have been given the possibility and the commission to develop their potential in this world and to mould the world. We are set in a specific time, a specific place, in specific social, political and cultural circumstances. This is the will of the Creator. God's saving action in no way abolishes the conditions and characteristics of this world, nor does it abolish our responsibility in this world; it shows us the appropriate way of handling the conditions and possibilities provided by creation and of recognising our responsibility as creatures.

5.3.7 At the same time, it makes clear that these created characteristics belong to the realm of the »penultimate«. This does not mean, as some have interpreted what is said about the created order, that specific historical expressions of a state, people or nation should be seen as the divine order. On the contrary, it must be assumed that creation has determined certain fundamental conditions and possibilities (e.g. the human being as an individual and social being); the necessity to mould these (fundamental tasks, mandates) is part of the picture and our task, so every concrete expression must be examined to see whether it corresponds to the will described in the witness of Scripture. Every real expression of »people« must be seen, on the one hand, as a historical, given entity but, on the other, always also as an entity to be moulded. And every understanding and expression of »people« must be questioned to ascertain to what extent it serves life in the realm of the penultimate and provides room for love within the limits of the possible.

5.3.8 In this sense, a »people« can be understood as a community resulting from a historical development with a common language and culture and its own historical experience. A definition of a people based on family relationships or on the same life context may contain an element of truth when it is not possible exactly to explain how peoples came about, but it is imprecise and inappropriate especially for the conditions of the modern world. Rather than speaking of a common life context, it appears more appropriate to use the broader concept of a »community in proximity«. Because of common characteristics derived from history, and without any romantic exaggeration, »people« always also conveys a specific »individuality« although this also changes and is hard to define.

5.3.9 That is what makes it possible to distinguish between peoples. They are communities in which we feel at home. »People« is one (not the) historical context in which we find ourselves and for the moulding of which we share responsibility. »People« is also a relational term connected with and differing from other forms of community in its close (family) and encompassing (humankind) sense. The real expressions of national communities and the related understanding of »people« must be examined to see whether they are helpful for life because they recognise their historical conditioning, their nature as »penultimate entities« and their inward and outward relationships.

5.4 Explanatory notes on the understanding of nation

5.4.1 As we have shown, we must examine the nuances of the term »nation« and the very different appreciations of it. Nevertheless, it can be shown that the term »nation« is linked with fundamental definitions and functions which should be viewed critically in a theological perspective.

5.4.2 The formation of nations, nations as such and the existence of nation states are historical realities to which we always have relation and to which we have to relate. A variety of forms of nations have evolved in an interplay between anthropological necessities (e. g. group formation, possibilities of common communication, ordering of power relationships, internal and external relations), human decisions and contingencies and complex developments which cannot be explained causally. We, as individuals and community constituting a nation, share responsibility for the nation's aims and its form, not only for our own nation but also for other nations in the mutual interplay between nations.

5.4.3 History makes it clear that the intentions and consequences related to the development of national consciousness and the establishment of nation states are ambivalent. Nations constitute a framework for common life, experience, political, social and cultural activity. This framework offers possibilities for living and for identification. But the negative aspect of these positive possibilities is that they provide a distinction from and can also form barriers against other nations, peoples and cultures. In this way, »nation« raises the problem of particularity and universality, identification and differentiation. »Nation« can become the framework for self-determination but also the context for prevailing over others in many different ways. Nation can be a place for finding an identity and forming an open community, but it can also be a context where minorities are marginalised and »aliens« are oppressed. Nation can be a place for free and responsible self-expression and also for the free exercise of religion, but nation can also be so exalted as to become a quasi-ontological and quasi-religious entity demanding unconditional obedience and devotion.

5.4.4 With regard to the understanding of both people and nation, it must be said that, in the New Testament sense, the distinctions between peoples and states related to creation and history must be taken seriously, on the one side, but at the same time they must also be relativised. The same applies to the evaluation of nations as nation states. Naturally, neither the Old nor the New Testament provides any direct statement about the understanding of nation in the modern sense. A theological judgement must be reached according to the principles listed in the previous section on »people«. In the light of the guidance provided by the criterion of what serves life, the following theological guidelines can be identified.

5.4.5 Nation can be understood as a *community of historical experience*. The feeling of belonging to a nation is based on recalling common experiences. Nation is the context for common, contemporary experiences. Nation is associated with hopes and fears about future experiences. Experience determines one's understanding and awareness of oneself and one's relation to others. A community of experience proves helpful for community life when honesty, realism and authenticity are its guides and it rejoices over its own and others' success, but is also able not to repress its failure, does not hide its shortcomings and is prepared to admit guilt and not to forget the victims. A nation can be a help for living both internally and externally if it grants itself and others the right to make its/their own experiences, does not oppose mutual relationships and their interpretation, and allows all its members to share in the community of experience (participation).

5.4.6 Nation can be understood as a *community of socialisation.* Having a home is part of being human. It determines language, forms of behaviour and habitual action, values and a sense of meaning, religious attitudes, life in relationships and the style of life. This comes about implicitly through practice and explicitly through education and upbringing. Socialisation within a particular culture and religion thus becomes a major point of reference for acquiring a personal identity and sharing in the common identity experienced in, and to be shaped by, the reference groups in a nation. To be at home in this way in a cultural (and religious) identity proves helpful for living where it offers aids for finding one's individual identity and leaves room for defining individual and plural forms of identity. Finding one's identity is helpful for living when it takes place in social relations through self-awareness and self-determination and is thus always choice and delimitation, but does not achieve stability by excluding and despising others. The same applies to cultural, national identity which is still harder to define than personal identity. Cultural and national identity should be determined by allowing room for plural expressions of identity, for identification and differentiation. It should grant all the members of a nation a share in the common identity and in shaping this identity, so that identity remains open both inwardly and outwardly.

5.4.7 Nation can be understood as a *community of responsibility.* Besides the different realms of private and public responsibility (e. g. family, profession, municipalities), the nation and the nation state constitute a realm of responsibility which is manageable and to which one can contribute but which is in no sense complete. In addition to the nation, we are involved in various different structures of the community of nations and also in responsibility for the one world. A nation proves helpful when it becomes a context for common self-determination – certainly also in reference to ethnic presuppositions and respecting these presuppositions (in a multinational state), and in reference to cultural traditions and respect for these conditions. A nation as a community of responsibility is helpful for living when, inwardly and outwardly, in its structures, laws and contemporary political activities, it allows itself to be guided by the aim of establishing justice and righteousness, maintaining and moulding peace and preserving the fundamentals for the life of humankind and nature, not least in the interest of future generations. A nation proves helpful for living when it becomes a community in solidarity which protects its weaker members and enables them to find an appropriate place in society (subsidiarity), and when the nation understands itself both inwardly and outwardly not only as a community of interests, but is prepared to work for the rights of all.

5.5 Potential tensions

5.5.1 Following on from what has been stated above, it must be pointed out once again from the theological viewpoint that Protestantism stands in a double tension. First of all, the tension is between the penultimate and the ultimate. The Church of Jesus Christ is, for one thing, an integral part of the history of people, state and nation. This implies that the churches have possibilities and tasks in shaping faith and life in this world. But, at the same time, the Church of Jesus Christ is dependent on the ultimate, the Kingdom of God, which has already started here and now, is dawning in our time but is still not complete.

5.5.2 The second tension is between the historical rootedness of Protestantism in people, state and nation and the evolution of huge transnational structures which transcend states and are evident in the economy, in politics and also in worldwide ecumenical organisations.

6 Current Challenges

6.1 The danger of nationalism

6.1.1 Precisely because of the opportunities which people and nation offer as a possible place for finding identity, socialisation and community responsibility, the dangers must not be ignored. We have already referred to this. Painful experiences of the recent past and the immediate present make the false developments, which have their roots in an exaggerated view of the nation, all the more obvious.

If belonging to a people or nation acquires religious or ideological overtones and is thus exalted to the rank of a canon of values with unconditional validity, this can lead to a nationalism with a considerable potential for harm. Naturally there is an understandable national sentiment and also a healthy national awareness; we do not intend to dispute or discredit these. But they should be distinguished from a nationalism which degenerates into an ideology, sets itself up as absolute and results in oppression and domination. Such nationalism is unacceptable.

6.1.2 That nationalism contains the tendencies mentioned is nothing new. Since the political changes in Europe they have again come to light and with increased force. Unresolved questions of national autonomy and ethnic self-determination have come emphatically to the fore. Under the weight of decades of East/West conflict they had obviously only been repressed if not suppressed; but they had never been worked through. Now that the global confrontation has come to an end, the awareness of ethnic and national identity has re-arisen in many places.

The events in former Yugoslavia have demonstrated how this can lead to fundamentalist and aggressive nationalism. Such nationalism can easily be exploited for political ends. National conflicts and warfare serving to »ethnic cleansing«, a policy contemptuous of human beings, were the result. The consequences are devastating. For innumerable innocent people they mean expulsion, misery and death; they affect the whole region and become a source of crisis for Europe.

Not only in the familiar areas of conflict but also elsewhere in Europe, often deeply rooted attitudes with a nationalist motivation come to light and gain influence in society. In so doing, they lay claim to the constitutional democratic right to freedom of opinion and demonstration. But that does not prevent them from maligning and threatening those they consider their opponents. Nor do they shy away from brute force.

Thus nationalist views are becoming a threat to the security and peaceful coexistence of people in many countries. They are often based on a totally exaggerated, ideologically charged self-awareness. This sees its own people in comparison to other ethnic groups as superior because it enjoys special characteristics and abilities »by nature«. Equally irrational prejudices against other peoples are derived from these. They can result in the oppression of ethnic minorities and contempt for everything alien which differs in race or skin colour, national allegiance or culture.

6.1.3 The churches have every reason to counteract such developments. In the past, nationalist ideas and attitudes sometimes developed also under the influence and with the participation of the churches. Some churches stood by national minorities in their struggle for survival. Others used their theology to support an exaggerated nationalism which could not be justified by Holy Scripture, the destructive effect of which they often noticed only later. Or they entered into alliances with the holders of state power which they thought necessary for the sake of the churches themselves. Ethnic and religious minorities suffered as a result when, e.g., reference was made to existing ties between state and church and they were refused the right to the free exercise of their religion or this was granted only with limitations.

The often painful lessons from their own history should cause the churches today to be all the more watchful about such fatally nationalist views and all the more firmly to support minorities which are victims of discrimination. Christians and their churches express the challenge and demands of the Gospel when they insist on a life in human dignity for all people as the unrenouncable aim of society. Respect and consideration for foreigners are the basis for successful life in community, where one's own identity is preserved and differences in language, skin colour and religion do not remain insurmountable barriers. Xenophobia, on the contrary, deprives others of their human dignity. Those who insist on it deprive themselves of this dignity. Christians must not tire of making society aware of this.

Foreigners continue to enter the countries of Europe in large numbers and for various reasons. Even though they may not always be entitled to permanent residence, they still have the right to an orderly procedure during which their reasons are heard and their personal situation is examined. Foreigners are not a counter to be used for political manoeuvres. Whether they are admitted as refugees cannot depend only on whether »the boat is full« or whether they are useful for the economy of the country. This is not the way to overcome nationalist and xenophobic antipathies among the population.

Where the state authorities lack the necessary sensitivity and care, it is necessary, as experience has shown, for Christians and churches to provide assistance. In this way they can demonstrate a »culture of compassion« against the increasing loss of solidarity in society. In this way too they express the demands and challenge of the Gospel.

6.2 Criteria for how the churches relate to people, nation, state and society

6.2.1 When the churches reflect on their attitude and responsibility in the face of nationalism, it is also advisable for them to work on basic criteria for their dealings with people, nation, state and society.

6.2.2 In section 5 above, the guidelines identified for Christian life and action were:

- In all the realms of our lives we should allow Jesus Christ to guide us. God's saving action in Jesus Christ sheds light on the understanding of the world as God's creation, our awareness of the structures and orders in this world, and also our awareness of the threats to life and life in community because of the power of sin, and the new possibilities of living and acting in and through faith, love and hope.

6.2.3 When critically considering and further developing the distinction and relationship between the two realms and forms of governance, the speaking and acting which corresponds to a Christian acceptance of responsibility will be that which endeavours to serve life in the realm of the penultimate and leaves as much room as possible for love.

- The speaking and acting which serves life and is guided by love is that which is committed to establishing rights and justice, to maintaining and moulding peace and to preserving the basis for the life of humankind and nature, not least for the sake of future generations.
- The speaking and acting which serves life and is guided by love is that which supports the weaker in seeking to help them gain equal right to life and opportunities.
- The speaking and acting which serves life and is guided by love is that which takes the part of the weaker and is prepared to create equal opportunities for them in society and in the international community and to give concrete help.

6.2.4 The *following criteria* should be seen as the challenges and demands emanating from the promise and exigency of the Word of God. In line with the responsibility associated with the Gospel, and under the leading of the Spirit who guides people into the whole truth, they apply both to the church and to all people. The churches must therefore themselves face up to these demands and challenges. They must contribute them to the public debate and, finally, they must confront social groupings with them, including the organs governing the state.

We are happy to find agreements with insights generally found and acknowledged in societies, especially in connection with the question of what serves life. The specifically Christian emphasis is seen in the way these criteria are based on the faith. This is evident in the consequent specific nature of the criteria, especially their concentration on »as much love as possible«. The result of this is the emphasis on the criteria of subsidiarity and solidarity in all realms of our lives.

– *Freedom*

The churches present the demand and challenge of the Gospel to give expression to a proper understanding of freedom in all areas of life. According to the Christian understanding of freedom, the freedom we have been given and granted points us to our responsibility for our neighbours. The original yearning of people to determine their lives freely must be promoted in the small unit of personal existence and in the larger units of the family, the people and the state. The limitation on this freedom goes hand in hand with respect for the freedom of others. This must take effect in contributing to society and the state, in people and nation, and in the church.

– *Equality*

The churches present the demand and challenge of the Gospel to follow the path of justice, which means possible and adequate access for all people to the resources of this earth. The undeniable aim of a life in dignity for all people must be promoted. Respect and esteem for foreigners and learning from them, while maintaining one's own identity, are the basis for a successful community transcending all barriers of nationality or citizenship and of language, skin colour and religious affiliation.

- Sustainability

The churches present the demand and challenge of the Gospel to devote all efforts to promoting the ability of humans and nature to survive. Hence, it is necessary to recognise that the world is the realm of life common to all humanity, to safeguard creation and to be aware that the life of one's own generation is inseparably connected to future life on earth.

- Participation

The churches present the demand and challenge of the Gospel to defend the rights of all people to share in decision making processes in society. They see the democratic form of government as an especially appropriate instrument to this end.

- Security

The churches present the demand and challenge of the Gospel to take account of the human need for fundamental security in the face of the many diverse inner and outer insecurities: securing the integrity of state borders, making social conditions for a life in human dignity possible, and safeguarding a leeway for shaping one's personal life.

- Solidarity

The churches present the demand and challenge of the Gospel to promote brotherly and sisterly relations in their own midst and in societies. They see the »culture of compassion« as a desirable goal over against the threat and growth of a lack of solidarity in society.

6.2.5 The criteria on this list supplement and inter-penetrate one another to reach a common climax in the concept of *koinonia*. This refers, firstly, to the concrete life of Christians in the churches and their task of encouraging one another and shaping a successful common life. An example of this koinonia existence should be the way in which the churches witness publicly to their understanding of true community. By means of their words and deeds they should demonstrate their awareness that life in community is led within the framework of the Kingdom of God. Thus, the churches become involved in a process, following a path along which they look for earthly parables of koinonia, the quintessence of which is the triune God himself. When the churches apply the demands of a koinonia existence to themselves and to public life, they are carrying out their task, namely »in the place of Christ and thus in the service of His own Word and work, to extend ... the message of the free grace of God to all people« (Barmen Theological Declaration of 1934, Thesis 6). But since the churches also repeatedly fail when carrying out their commission, they are subject to God's judgement and depend on his mercy.

6.2.6 The church is a historical community both in one place and worldwide. Therefore the commission of the church must be put into effect both in local churches and congregations and in the worldwide community. That provides a precise list of tasks. It is the task of the churches to influence the structures of society and the state as well international relations. In doing so, they will not just be observers on the sidelines but themselves participate in the contemporary processes of transition. In order to make their contribution, they must respond to the following demands:

- to shape the market economy according to social and just criteria;
- to humanise »globalisation«, i.e. to make it compatible with humankind and nature;
- to protect the economic orders of individual nations from totalitarian dependency on outside forces (in the process, the churches must come to an agreement about which national and international conceptions and provisions they will support together. To this end, there must be dialogue with those responsible for the politics and the economy, also in local communities);
- to promote democracy and the rule of law;
- to respect human rights;

- to safeguard the diversity of minorities, but also to remind minorities of their responsibility for dialogue and mutual understanding (in this process, the churches must repeatedly make clear to states and societies that there are fundamental insights, values and rights to be respected and protected in each state and each nation. For this reason, the churches should also reflect on »political diaconal service« – e. g. support for human rights and working for refugees and asylum seekers – and must share in activities to achieve a peaceful, just and civilised common life for all).

6.2.7 The demands made by the churches on state and society may be seen as presumptuous by the latter. The churches should not hesitate when their commission makes such demands on them. But, in the long term, they will be convincing only if they give no cause to doubt that they themselves are also prepared to accept responsibility within the limits of their possibilities.

- This includes the way in which the churches themselves react to economic challenges;
- it includes the way in which the churches treat minorities in their own ranks.

6.2.8 The churches must pay attention to whether states and societies really expect something of them, or whether they are being used for political and economic aims. In order to avoid this danger, the churches need comprehensive exchange and dialogue among themselves.

6.3 Position and tasks of the Leuenberg Church Fellowship in European integration

6.3.1 The idea of European unification

The Protestant churches are only beginning gradually to grapple with the conception of Europe and the story of Europe's growing integration. The yearning for peaceful coexistence led to the foundation of the European Economic Community after World War II. At present there is a growing hope for reaching a clearly political unity and a cultural identity. At the same time countries in Central and Eastern Europe and also in the Mediterranean region wish to become part of this European Union.

Also the process of globalisation gives rise to new questions. The Unity of Europe and globalisation contain both opportunities and conflicts for European societies. The enlarged European Union will rediscover itself between structures of nation states and worldwide networks resulting from globalisation. With this process advancing, what could and should the Protestant churches contribute? What is the place to be occupied by them on the European level?

Faced with distractions and doubts about the European process, the churches of the Leuenberg Church Fellowship gratefully note that, with a view to European integration, persons, groups and institutions are trying to create humane living conditions between nationalism and globality. A European role is recognised in undertaking joint crisis management and conflict resolution. The churches of the Leuenberg Fellowship want to make a contribution to the success of this. In doing so, they refer to their Reformation tradition which is closely related to the history of Europe. Despite their different experiences, they have a common understanding of the Gospel. They are working for a community of witness and service. One expression of this is the Leuenberg Agreement.

6.3.2 The presence of God

The message of justification »makes Christians free for responsible service in the world ... They know that God's will, as demand and gift, embraces the whole world. They stand up for justice and peace onearth between individuals and nations« (Leuenberg Agreement, No. 11). It is our hope that, in the political plan for a secularised Europe, in the stories of new beginnings and successes, as well as in natural or man-made catastrophes, God is still present despite all appearances, supporting human expectations and guiding them according to his will.

This hope does not imply that Europe has a special mission, but rather the task of making a contribution to worldwide justice, peace and the integrity of creation. Reliance on the presence of God leads one to protest against false gods, against any mystification, mythologisation, and also against any ideological exaltation of Europe. Exaltations of that kind separate work on the project of Europe from political discourse and allow the danger to arise that no one can criticise Europe and it will build up defences against other continents and be made it into a fortress. Instead, Europe needs the witness to a God who grants people true nearness so that they can help their neighbours. This understanding of God also includes having contact with the beliefs of others. It is characteristic for the Leuenberg Fellowship that the nearness of God is identified, experienced and can be recognised in different traditions and in the discussion about them.

6.3.3 Encounter with others

European integration brings persons and states, nations and peoples closer together, sometimes closer than they would like, closer than they can bear. Such fears are understandable. They have also played a part in the churches of the Leuenberg Fellowship. Working on these fears and overcoming them was a long and difficult process. At many points where there was fear, trust developed in the course of the encounters and was then a help in becoming aware of and learning to value others.

Various people occasionally associate the European Union with the concern that the autonomy of individual people and of states will have to be abandoned in favour of some distant, centralised bureaucracy. But Europe is a framework which makes encounters possible, enables people to experience differences as enrichment, in which diversity is preserved and differences which cannot be surmounted can nevertheless be tolerated. This has to be further developed with more democracy and transparency in the EU institutions. In this process, Protestantism is particularly committed to the direct rights of individuals and pays attention to the protection of minorities.

6.3.4 Ethics of treating differences

Europe does not have a uniform identity, but is marked by a variety of different traditions and also painful differences which it must work on. It must create living conditions within which different nations and cultures can meet. Wherever political, economic, cultural and religious differences become destructive, Europe must ensure that these are surmounted as far as possible and are expressed in ways which people can bear. It is equally necessary for the European institutions to be bound up with society in a democratic process and for the participation of the citizens of Europe in political developments to be safeguarded. In this connection, the »Charta of fundamental rights of the European Union«, signed in Nice in December 2000, is a significant step. Protestantism in particular considers the involvement of individuals and their responsibility for society to be of great importance for a new Europe as a civil and legal community.

The problem of unemployment, for example, demonstrates how important such pan-European systems and provisions are. Unemployment is not merely a national problem. The dangers of unemployment are a threat to Europe as a whole. Competition between the states, which behave like economic enterprises with their national taxation laws, makes the struggle for jobs more acute and this in turn gives rise to national prejudices and drawing of boundaries. That does not create any new jobs on the pan-European level; it merely shifts the problems. It will be important to ensure that Europe is more than the European institutions and that European integration is only one part of a worldwide process of reconciliation and economic participation.

6.3.5 Protestantism in the transformation process

The Europe of today, as has been described, is a relatively new subject for European Protestantism. It is possible to refuse to deal with it because of its complexity and unmanageableness. But, since Protestantism in its history was fundamentally open to the world, the Leuenberg Fellowship should continue to be concerned about Europe and take up the challenge further to develop Protestant traditions of a living and liberating experience of God in the context of the European integration process. To this end, in addition to the tensions in the relations between church, people, state and nation, it will also be necessary to work critically on other ambivalences of this tradition. Therefore the special link between language, culture and religion requires Protestantism to give careful attention to and jointly to grapple with all the problems resulting from it, e. g. linguistic conflicts and minority issues in European states.

The Leuenberg Fellowship builds on grateful awareness of the churches' own traditions and developing these further, on examining ambiguities, having common experiences and interpreting these in the light of the Gospel. This has enabled links between the churches to grow and firm structures for this fellowship to be created. All of this should be used to give Protestantism a voice in and for Europe which can be heard among the many voices on this continent. The Protestant churches in Europe need a network to establish helpful links. Structures must be created to enable Protestant views and perspectives to be communicated beyond the churches as well. Images to guide Europe must be developed to lead people in critical solidarity beyond the project of integration in the European Union.

6.3.6 Ecumenical responsibility

In the Leuenberg Agreement, the Reformation churches committed themselves »to promote the ecumenical fellowship of all Christian churches« (Leuenberg Agreement, No. 46). Europe is simultaneously a challenge and an opportunity to put this commitment into practice. It is the task of all who live in Europe, irrespective of their religion and worldview, to shape Europe as the common context for their lives. What Christians can contribute to this will only be of lasting effect if they recognise and exercise their common responsibility jointly beyond the borders of churches and confessions. The two European Ecumenical Assemblies in Basle in 1989 and in Graz in 1997, together with the encounters between the Conference of European Churches (CEC) and the Council of the (Catholic) European Bishops' Conferences (CCEE, Concilium Conferentiarum Episcopalium Europae), are hopeful signs that the future of Europe is being understood as an ecumenical task.

This also involves the discussion of visions of Europe other than those familiar to Protestants. In reference to the history of the Christian West, the Roman Catholic Church, for example, has evolved a plan for the re-evangelisation of Europe. Its concern should not be the re-evangelisation or re-Catholicisation of Europe, but rather a European inculturation of the Gospel, namely proclaiming the good news in Europe in a particular form. No one disagrees that Europe has Christian roots. However, one cannot speak about them without including the plurality and differences of the Christian churches even to the point of separation. But it would be equally wrong to confuse the task entrusted to all Christians together of proclaiming the Gospel with the idea of repristinating Western Christendom.

Therefore the Christian churches need a dialogue on the future of Europe which also includes their different expectations and, at the same time, makes mutual exchange so essential that it becomes an element of one's own church. Within the Leuenberg Fellowship, experiences of this kind of dialogue have already been gained and these can be used and deepened. The Leuenberg churches should seek encounters with those who bear responsibility for the future shape of Europe, both in their own countries and at European level. Experiences and results of such encounters should be incorporated into the co-operation among the churches in Europe as well as in the regional ecumenical work.

A Multilingual Glossary on the Concepts of People, State and Nation

1 German

1.1 »Staat« (State)

1.1.1 The word »Staat« was *coined in the 16th century*. The current understanding of »Staat« is a product of modern times. The modern concept of »Staat« replaced old ones such as polity (*res publica*), citizenry (*civitas*), governance (*imperium*) and kingship (*regnum*). Luther did not know the word »Staat«, and used the word »Obrigkeit« (sovereignty).

1.1.2 According to *modern understanding*, »Staat« means a constitutionalised political system which regulates the living together of citizens in a defined territory, and also the political power which a sovereign authority exercises in its territory and shapes its relations to other states.

1.1.3 Therefore, in colloquial German »Staat« is associated with various but still coherent shades of meanings.

1.1.3.1 »Staat« may mean the *state territory* (a »land« as in Deutschland). The process of state formation demonstrates the development from the medieval »Personenverbandsstaat« (alliance of people spread across the country, not in any particular territory), via the early modern territorial state to the allied state (confederation, federal state) or united state. In the course of history, state territories were repeatedly objects of controversy and wars. The concept of state territory is related to the question of the *Staatsvolk (people of the state)*. The evolution to the state shows that the state may be formed on the basis of personal alliances like clans, tribes and peoples on the one hand, and transcending peoples on the other. The people of the state may comprise various peoples, thus resulting in a »multi-ethnic state«. The people of the state can have very varying origins, cultures and languages (multicultural and multi-religious societies).

1.1.3.2 »Staat« may mean *state authority* and related *public organs.* A modern state is characterised by its grasping of the monopoly of authority. The development of state in modern times demonstrates its gradual monopolisation of the exercise of authority, judicial and legislative systems and the right to levy taxes. Nevertheless, there are other systems of authority than that of sovereigns or rulers and the sole authority of state: powers of economic leaders, workers and labour movements, the media, public, religious communities, etc. This occurs in more differentiated forms in the course of modern age. It is necessary to put in order the relations among various powers within a state.

1.1.3.3 »Staat« may mean *state order.* The evolution in this sense goes from feudal state via »Ständestaat« (corporate state), totalitarian state and constitutional sovereign state to the separation of powers and people's sovereignty in democracy. This involves the question as to who can endow the power in the state and share it (legitimate power of the state): is the position of power given by God to the princes and totalitarian rulers, is it the whole of the people of the state who bear the sovereignty, or is the power of those elected to the state responsibility and political responsibility approved in a social contract? At the same time it is also a matter of outward power position. The monopoly of authority by a state or its ruler is limited by other states, as long as it is not a world state. Furthermore the globalisation process entails the question of the power of individual states in relation to international economic structures and enterprises. The state order also concerns the question of the state's objectives. Hence the question of the extent to which the state may justly exercise its sovereignty is raised at the onset in relation to the state's objectives. This involves the question of the constitutional legality of a state and the »social state« scheme (subsistence minimum, pension scheme, just distribution of goods). Nowadays the question of »social state« services is being replaced by the questions of provisions for ecological concern and future generations. Hence all aspects of state converge at the question of its capacity to maintain peace home and abroad (peace-keeping ability and international compatibility).

1.2 »Volk« (People)

1.2.1 The meaning and usage of the concept of »Volk« depend inevitably upon various leading political, social and cultural ideas. Under the influence of the understanding of »Volk« (*populus, plebs*) in the Holy Roman Empire, a fourfold meaning is ascribed to it:

1.2.1.1 »Volk« signifies *political sovereignty* answerable by the rulers in power. Even though this meaning was pushed increasingly into the background already during the Holy Roman Empire, it remained in awareness, and was again present in the French Revolution in 1789. »Volk« came to signify the subject of the will of the state in the course of the transformation from corporate to democratic state.

1.2.1.2 »Volk« can signify *subordinates or subjects* in contrast to rulers or sovereigns. In this sense the deprecative term of plain »Volk« is used.

1.2.1.3 »Volk« can refer to a *community defined by common descent and origin, language and culture, past experiences,* living in the same territory (land, homeland) and possibly (but not necessarily) forming a political unity. It is not necessary that all these characteristics be extant in order for the awareness of being and belonging to a »Volk« to arise. Also, a more specified characterisation of these characteristics of common origin, language, culture and history proves conducive to exaggerated configurations and distortions (for instance, if one raises one's own common origin and descent above those of a particular race which cannot be clearly identified).

1.2.1.4 In the course of Romanticism (Herder) the concept of »Volk« came to be understood as an *organic whole* to which its own individuality, the so-called soul of the »Volk«, was ascribed. It arises from the origin, history, language and culture developed by a »Volk«. It is in the »Volk« that the human esprit is fulfilled, as it were, whether as realisation of world spirit in the sense of Hegel or as realisation of the inborn genius of a nation. The latter brings »Volk« and nation more closely together.

1.3 »Nation«

1.3.1 The concept of »Nation« is derived from the Latin word »*nasci*« (be born). It means in German above all the whole of the descents of the original tribe of a nation. In German, too, the word still reflects some residue of the usage of »*natio*« in the Holy Roman Empire. There, the »*nationes*« meant the peoples as contrasted to the Roman nation (*populus*), implying at the same time a cultural evaluation. In the Vulgate, »*populus*« was used to describe the people of God, and »nations« the heathens.

1.3.2 A new meaning was added to the word »Nation« in the 13th century as the groups of university students coming from same countries (Landsmannschaften) were called »*nationes*«. Common languages played an important role here. In a foreign country people gather together when they are given the possibility of direct communication. For this reason, talking about the German nation is practically the same as talking about those sharing a common German tongue. In the 15th century the formula of the »Holy Roman Empire of the German Nation« came into being. This means the alliance of the clergy and the secular principalities, with the Crown to the fore, making nation almost synonymous with nobility. Hence Luther writes to the Christian nobility of the German nation. What is meant by that is not the nobility as a social class. Rather, it concerns the representation of the society by the nobility (Stände), and so by the government in authority. In modern German, a certain »national« tendency was triggered by the rediscovery of Tacitus' *Germania* in which he expresses his enthusiasm for the Teutons. It provides them with grounds to be proud of the Teutons and their own intellectual and cultural achievements.

1.3.3 The concept of »Nation« becomes a key concept in the 18th century. The evolution of »Nation« as a concept thus proves to be rather a late historical phenomenon. Once this concept enters the scene, however, both the idea and the phenomenon of the nation experience a substantial historical dynamics. This dynamics consists both in the capability of integration of this concept and in the variability of its meaning and interpretation. The concept and phenomenon of nation are associated with very different programmatic interests and ideas and feelings. In France this programmatic connotation of the concept of nation experiences further development, becoming synonymous with the state and the people of the state. This understanding is largely taken on also in the German language.

1.3.4 As in the concept of »Volk«, there are also various shades of meaning in the understanding of the concept of »Nation« due to the fact there are various views about the question of how a nation is constituted. A nation may comprise a people (Volk) or an ethnic group with a common language, culture and history, living in a defined territory and possessing a state system. A second understanding of nation has a political reference. According to this understanding, a nation is constituted through the integration of the citizens of a state territory, regardless of their ethnical origin, into a common organisation in which they establish a political system and jointly carry out political activities. Nation is implemented here through the sovereign political will of a community.

Joachim Track

2 English

(according to »Shorter Oxford English Dictionary«)

2.1 »Folk«

2.1.1 A people, nation, race, tribe …

2.1.2 An aggregation of people in relation to a superior, e. g. God, a king or priest; the mass; the people; the vulgar …

2.1.3 Men, people indefinitely; often qualified by an adjective or phrase …

2.1.4 The people of one's family, parent, children, relatives. The first two meanings are rather archaic. »Folk« in current English is not identical with the connotation of its German equivalent »Volk«. The same is true for »people« which is more and more in use nowadays.

2.2 »State« *(commonwealth, polity)*

2.2.1 »The state«: the body politic as organized for supreme civil rule and government; the political organization which is the basis of civil government; hence, the supreme civil power and government vested in a country or nation. Distinct from »the church« or ecclesiastical organisation and authority …

2.2.2 A body of people occupying a defined territory and organized under a sovereign government. Hence »occasionally« the territory occupied by such a body.

2.2.3 The territory, or one of the territories ruled by a particular sovereign; one of a number of polities, each more or less sovereign and independent in regard to internal affairs, which together make up a supreme federal government.

2.3 »Nation«

2.3.1 A distinct race or people, characterized by common descent, language or history, usually organized as a separate political state and occupying a definite territory; people of a particular nation; in medieval universities, a body of students belonging to a particular district, country or group of countries; a country, kingdom (rare) …

2.3.2 Without article: Nationality …

2.3.3 »The nation«, the whole people of a country …

2.3.4 A family, kindred, clan; a tribe of North American Indians; a particular class, kind, or race of persons or of animals …

2.4 »National«

2.4.1 Of or belonging to a or the nation; affecting or shared by the nation as a whole; of troops: Maintained by a nation; of or belonging to the French government during the time of the first Republic.

2.4.2 Characteristic or distinctive of a nation.

2.4.3 Strongly upholding one's own nation or countrymen; devoted to the interests of the nation as a whole.

Whereas a new emphasis on the word »national« is mentioned in the Report in connection with the French Revolution (under 2.4.1 third subparagraph), it would be wrong to say that the meaning and importance of the concept of »nation« or »national« has been significantly influenced or changed in English usage under the influence of this new emphasis in France. Such an effect can rather be perceived to the east of the Rhine.

Alasdair Heron

3 French

(according to »Le petit Larousse illustré«, 1996)

3.1 »peuple«

3.1.1 An aggregation of people who live in a defined territory, but not necessarily, constituting a social and cultural community.

3.1.2 An aggregation of people who inhabit a defined territory, are subject to the same laws, and form a nation.

3.1.3 An aggregation of citizens exercising political rights.

3.1.4 »Le peuple«: A mass of people working for their living without any privileges as contrasted to landowners, bourgeoisie, etc.

3.1.5 (archaic) Crowd, majority.

3.2 »populaire«

3.2.1 That which is liked in general or by many.

3.2.2 Decisions or laws intended to satisfy the mass.

2.3 »nation«

3.3.1 A large community of people, mostly settled in a defined territory, who share more or less common history, language, culture and economy.

3.3.2 A political community possessing sovereignty, as distinguished from individuals belonging to it.

3.4 »national«

3.4.1 Belonging to a nation.

3.4.2 Concerning the whole of a country.

3.4.3 »nationalistic«.

Johannes Dantine

4 Italian

The concepts expressed by the Italian equivalents of the German words are virtually identical with those of the corresponding German words. The following explanation of each word is based on a standard dictionary.

4.1 »Popolo« (People, »Volk« in German)

4.1.1 A community with common ethnicity, language and culture which *may*, but *not unnecessarily*, form a political entity. Until 1945 the use of the concept »popolo« was closely related to that of »razza (race)«. For understandable reasons, the word has practically lost this connotation nowadays.

4.1.2 As in other languages, »popolo« has other meanings, e.g. »working class« or »bourgeois«.

4.2 »Stato« (State)

A territorial entity representing a political autonomy. The following lexical definition is characteristic of the Italian attitude towards the state: the state is »the hierarchical and bureaucratic structure of a country organised in a political unity«. »State« is often associated with »bureaucracy« and similar ideas.

4.3 »Nazione« (Nation)

The standard meaning is the unity of people and country as well as an *ethnic, linguistic, cultural and territorial entity*. The word can also be used as a synonym of »popolo«, often in order to stress the dissonance between ethnic and territorial supremacy, e. g. »Italians in Slovenia belong to the Italian nation«.

4.4 »Chiesa« (Church)

4.4.1 There are three different meanings of »chiesa«:

- A religious community at a global, national or regional level as in »The Catholic Church« or »The Italian Church« (i.e. the Roman Catholic Church in Italy).
- A local congregation which constitutes a diocese of the Catholic Church: »The Milan Church«. The word »church« is rarely used for a parish, and only by Protestants.
- Buildings for worship services.

4.4.2 In Italian the word »chiesa« is rarely heard in connection with particular denominations. The same is true for the idea of a state or folk church. The word is generally used (by the general public and mass media) without any adjectives: *the* Church – not for example the Catholic (*Roman Catholic*; while linguistically correct, sounds odd in Italian) or Protestant Church, etc. – which means, of course, the majority church.

Fulvio Ferrario

5 Polish

5.1 »Lud« (People)

»Lud«, the Polish equivalent of the German word »Volk«, is etymologically related to the Old Slavic »ljudin« (a free man, not a slave), which refers in turn to the Greek word *eleutheros*. The same is true for the Czech equivalent »lid«. In modern Polish »lud« has several shades of meaning:

5.1.1 »Lud« roughly means the plural of »human«: all (free) people. The concept of »ludzkość« (humanity) is derived from »lud«, and means general conditions for human existence in freedom and dignity. Inhumanity equals the negation of freedom.

5.1.2 »Lud« is used as equivalent of »naród« (nation), usually meaning groups without their own structures of sovereignty, as in »ludy koczownice« (nomad nations).

5.1.3 »Lud« in the sense of »lud pospolity« describes a »plain folk«, lower social classes, people with minimum rights. The Communist terminology draws on this meaning of the word.

5.1.4 »Lud« are workers and peasants as contrasted to the bourgeois and aristocracy. They are the real bearers of historical progress.

5.1.5 Also worth mentioning is a meaning coined by the Polish poet Mickiewicz. By »lud« he means people suffering and longing for freedom, i. e. also rich and well-off people who identify themselves with this longing. »They understand the truth so quickly and infallibly« thanks to their openness towards what is to come. The division-mark between »lud« (human) and »ne-lud« (inhuman) does not run along the social class borders, but is determined by the state of people's mind. An important characteristic factor is the suffering which accompanies the longing for freedom.

5.2 »Państwo« (State)

The Polish word »państwo« (State) is derived from »pan« (Mister, originally meaning officials of the Khan of the Avars). It meant a large estate administered by a »pan« (administrator). Later on this concept came to mean estates and wealth in general. It was in connection with the development of the idea of an independent (Polish) State that this concept gained the current meaning of »State«. It corresponds to the general understanding of a political organisation covering all citizens of a territory and enabling the functioning of this community. The question about the role of the church in the state authority remains a keen issue.

5.3 »Národ« (Nation)

»Národ« means nation. The word is also related to »rodit« (lat. *nascor*), connoting prosperity and success (multiplication of the family, kin) – cf. the Old Slavic God »Rod«-Fortuna. It was not until Romanticism that the concept gained the meaning of a community of people sharing a common language, culture and history (possibly also common economic life). It is characteristic of the Polish national awareness that in addition to common language and culture, a common faith, namely Roman Catholicism, is highlighted. The catch phrase »Every Pole is a Catholic« dates from the 19th century, when the Catholic Church made use of national sentiment to reinforce its influence. For Mjickiewicz and Słowacki, two great Polish writers, »národ« (nation) almost takes on a religious dimension. They compare their oppressed nation with the crucified Christ, and await its resurrection as the nations' Messiah. The awakening of the nation will come along with the renewal of (Catholic) Christianity. However, neither author has a Catholicism in mind that would not give much room for human freedom. The idea of nation is nevertheless closely related with the understanding of faith and religion. Religion enables humans to accept the truth. The national institutions constitute a system of instruments in making this truth become concrete in life. In the »sanctuary« people receive the truth, the nation is the instrument of materialising the truth. This way of thinking still exists today and is clearly shown in the constant clashes between church and state. These days, however, it is being superseded by growing liberalism and individualism.

Martin Pietak

6 Czech

6.1 »Národ« (Nation) and »lid« (People)

»Národ« (nation) and »lid« (people) are virtually synonymous – many dictionaries denote them as synonyms. Both terms describe »a mass of people with the same language, common culture and usually common interests«. In practical use, however, there are different shades of meaning which distinguish the one word from the other.

6.1.1 The etymological connection between the word »národ« and its stem »rod« (to bear [a child], Latin *nasci* → *natio*), as indicated in the first scientific Czech-German dictionary (Jungmann, 1836) as the principal meaning (»that which is born, *generatio*«), is no longer noticeable.

6.1.2 In contrast to the rather political term »národ«, the word »lid« has a more social dimension. It refers to real people, as opposed to (national) programmes, aspirations and structures.

6.1.3 In particular, the word »lid« implies laicism (churchgoers), simple and low social status (peasantry, townsfolk). In the minds of the protagonists of the so-called national renaissance of the 19th century, it was the simple folk who carried forth the national ideal, for they preserved the Czech language resisting the prevailing germanisation.

6.1.4 Due to this social dimension, the term »lid« seemed most fitting to Communist ideologies. It was the key notion of the Marxist philosophy of history (people as the real subject of history) and was used (in many adjective forms) to describe the *differentia specifica* of the socialist political system (people's democracy, people's army, people's court, people's militia, etc.). It is also an expression of hidden criticism of the notion of »nation«. The (working) people should be international.

6.1.5 The adjective »lidový« usually means either source (from the people), purpose (for the people) or even quality (simple, cheap, good for the common man). The second meaning (for the people) is used in the name of a Christian (Catholic) political party which has existed for decades. It cannot be »national«, but claims to be with the people (as opposed to clericalism) as in the tradition of »people's priest« of the 19th century.

6.1.6 The clearest example of the difference between the terms »národ« and »lid« is shown in the use of »People's Church« and »National Church«. The former means »a church for the people«, the latter »a church restricted to (only) one nation«.

6.2 »Stát« (State)

As in other languages, »stát« means the »organised political entity of nations in a defined territory, with its own legislation, government and administration«.

6.2.1 The policies of the liberal governing parties sought to use the population's frustrating experience in the all-powerful communist state for their purpose of gaining the approval of their policy of minimalising the role of the state in society. The state is portrayed as a monster which curbs individual freedom and initiatives. It remains unclear by whom and in what way the regulatory function concerning questions of social, educational and environmental policies should be exercised. Václav Havel's vision of a »Citizens' society«, in which the decisive roles are to be played by independent societies (unions, lobby groups, churches) was rejected. Current problems in the Czech economy allow two opposed answers to appear:

- the state is too weak to be able to intervene promptly;
- the economy cannot develop freely, because the state is still too powerful.

6.2.2 In the context of the division of Czechoslovakia, the term »státnost« (statehood) was often mentioned in public debates. It was used to describe the historically founded right of both peoples to have independent states. This led to harking back to the long history of the Czech state (the Czech crown), though in a rather more formal way. The question of Masaryk and his friends as to the sense of a Czech statehood and the historical role of the Czech State no longer appears relevant in the current post-modern climate.

Pavel Filipi

7 Hungarian

No detailed descriptions of the changes in interpretation through history and the whole gamut of nuances of the words are given in the following.

7.1 »Állam« (State)

7.1.1 In the Hungarian language, as in many other languages, the word »állam« (state) means a community of people living in a defined area which possesses its own sovereignty and system of government and whose members live together in organised structures. These people belong either to one or more nationalities or nations.

7.1.2 The word »állam« (state) is to be understood as a political official concept and appears almost exclusively in official documents, speeches and languages. Most people understand by this word first and foremost the state as an organ with all its institutions (e.g. statesmen, state security organs, etc.). A negative attitude toward this word (and toward the state) reflects a centuries-long history. The state is, as felt by many still today, only a cold unfeeling frame, a foreign and aloof structure, »the opponent of the nation«.

7.1.3 The word »ország« (meaning country, kingdom, and also reign as in »Isten Országa« [reign of God]) is interpreted in a similar way as »állam«, nowadays referring especially to the territory.

7.2 Difficulties in the interpretation of »Nemzet« (Nation) and »Nép« (People)

7.2.1 An adequate interpretation and hence the right understanding of the concepts of »nemzet« (nation) and »nép« (people) is not so simple. More often than not, these concepts are interpreted in different ways. For example, there are differences between academic and common interpretations of these words. The interpretation of these concepts is also dependent on the viewpoint or the political outlook of the speaker. Moreover, these two concepts are interchangeable and used as synonyms in the common usage.

7.2.2 An additional difficulty arises due to the fact that the concepts »nemzet« and »nép« have several meanings. If the concepts are to be understood precisely, they have to be read in given contexts. As they are used in different ways varying according to times and social and age groups, there are always other meanings besides the main one.

7.3 »Nép« (People)

7.3.1 A »nép« (people) is a large community living constantly in a defined area or originating from the same area whose members are linked together through a common language and the same origin as well and the traditions relating to them (e.g. »the peoples of the Earth«). In Hungarian, this word is generally understood as meaning the Magyars.

7.3.2 More rarely, this word denotes a community of all people living in a particular area irrespective of their mother tongues. In this sense of the word, »nép« can also be synonymous of »nemzet« (e. g. »Peoples' right to self-determination«).

7.3.3 »Nép« can also mean peasants. The peasants are claimed to be guardians and holders of a sound culture characteristic of the Hungarian nation and the Hungarian people. This aspect already came to the fore in the 19th Century, but especially after World War I. The most renowned Hungarian authors and musicians such as Ady and Kodály addressed people, i.e. peasants, in the hope that their salutary strength would heal and renew the ailing Hungarian nation.

7.3.4 The word »nép« (people) is also an epitome of simple, less educated working classes of the poor and the oppressed within the Hungarian people. It is this (secondary) meaning that served the purpose of the communists. In their terminology, this word referred to all peasants and industrial workers living in a people's democratic or social state as opposed to the former »exploiters« (as in »All power to working people«).

7.3.5 The communist regime persistently discredited the word »nemzet« (nation) and replaced it with »nép« (people), thus extending its meaning. Many new words such as people's democracy or people's army were coined. These and other words being closely related to the communist era, the word »nép« (people) triggers unpleasant feelings in all those who dislike the »old times« and their languages. (The communists involuntarily succeeded in discrediting two words all at once.) The variability of meanings of the word »nép« is evident in the fact that today it means something positive for the older generation, something Marxist for the generation in-between, and something out of use for the younger generation.

7.4 »Nemzet« (Nation)

7.4.1 »Nemzet« (nation) is a community with a common historical background and continuing existence which is characterised by a common language, territory and culture. It is generally kept together through a state system. The word »nemzet« also has something of a ceremonial association.

7.4.2 There are fluctuations of meaning in the use of this word. Often it is distinguished from other concepts, especially from »nép« (people), as exemplified in certain compound nouns (e. g. »nemzetgazdaság"[national economy]) and mistakenly in colloquial language.

7.4.3 A broader interpretation defines the »nemzet« (nation) as a community of all people living in a sovereign territory, irrespective of their mother tongues. According to a narrower interpretation, this community is identifiable only with an ethnic unit regardless of the territory inhabited. The latter view allows people to have feelings of belonging to the nation going beyond territorial boundaries. Some of the characteristic features of such a sense of national belonging are language, tradition, spiritual distinctiveness and origin; in one word, »roots«. This is a widespread view, especially among Hungarian immigrants in the USA, and also among Hungarian minorities who have been forced to live virtually without any rights in the neighbouring countries newly-founded in accordance with the unjust Trianon Peace Treaty.

7.4.4 In trying to explain the concept of »nemzet« from the current perspective, not only its proper content but also its depletion and discrimination as well as its misuses should be taken into account. This word was widely discredited by the communists, and the liberals in Hungary are still trying to discredit it. The word »nemzet« is deprecated as a nationalistic notion. The necessary and sound introspection of the Hungarian people after decades of internationalism has been branded as unsound and undesired nationalism, even chauvinism, by those people. Many other politicians, thinkers and writers are trying to bring about a revaluation of the word »nemzet« and the recovery of its positive meaning.

Michal Bihary

B List of the members of the South and Southeast Europe Regional Group, 1995–2000

Bishop (retd) Dr Johannes **Hanselmann** †, Griesbach
(Chairman until 1999)
Evangelical Lutheran Church in Bavaria

Prof. Dr Joachim **Track**, Ansbach
(Chairman since 1999)
Evangelical Lutheran Church in Bavaria

Pastor Dezsö Zoltán **Adorjáni**, Bucharest
Synodal-Presbyterial Ev. Church of the A. C. in Romania

Lecturer Michal **Bihary** †, Prague
Reformed Christian Church in Slovakia

Dean Hans **Bornkamm**, Lahr
Evangelical Church in Baden

OKR Dr Michael **Bünker**, Vienna
Evangelical Church of the A. C. in Austria

OKR Prof. Dr Johannes **Dantine** †, Vienna
Evangelical Church of the A. C. in Austria

Pastor Pál **Erdélyi**, Vlcany/Slovakia
Reformed Christian Church in Slovakia

Prof. (retd) Dr Hans-Helmut **Eßer**, Horstmar
University of Munster – Reformed Theology

Pastor Dr Fulvio **Ferrario**, Milan
Waldensian Church in Italy

Prof. Dr Pavel **Filipi**, Prague
Evangelical Church of the Czech Brethren

General Bishop Dr Julius **Filo**, Bratislava
Evangelical Church of the A. C. in Slovakia

Assistant lecturer Dr Matthias **Freudenberg**, Erlangen
University of Erlangen – Reformed Theology

Dean Doris **Fuchs**, Salem
Evangelical Church in Baden

General Secretary Dr Tibor **Görög**, Budapest
Ecumenical Council of the Churches in Hungary

University Assistant Dr Jindrich **Halama**, Prague
Evangelical Church of the Czech Brethren

Bishop Dr Bela **Harmati**, Budapest
Evangelical Lutheran Church in Hungary

Prof. Dr Alasdair **Heron**, Erlangen
University of Erlangen – Reformed Theology

Pastor Michal **Hromanik**, Michalovce
Reformed Christian Church in Slovakia

Prof. Dr Kálmán **Huszti**, Budapest
Reformed Church in Hungary

OKR (retd) Prof. Dr Hartmut **Jetter**, Stuttgart
Evangelical Lutheran Church in Württemberg

Mag. Dr Ludvik **Jošar**, Bodonci
Evangelical Church of the A. C. in Slovenia

Dean Prof. Dr Igor **Kišš**, Bratislava
Evangelical Church of the A. C. in Slovakia

Prof. Lászlo-Attila **Kovács**, Cluj-Napoca
Institute of Protestant Theology in Klausenburg

Pastor Dieter **Kuller**, Munich
Evangelical Lutheran Church in Bavaria

Pastor Dr Hans Jürgen **Luibl**, Jestetten
Federation of Evangelical Lutheran Churches in Switzerland and in the Principality of Liechtenstein

KR Michael **Martin**, Munich
(Coordinator until 1999)
Evangelical Lutheran Church in Bavaria

Bishop (retd) Dr Eugen **Mikó**, Bratislava
Reformed Christian Church in Slovakia

OKR Gottfried **Müller**, Speyer
Evangelical Church in the Palatinate

Bishop Dr Michael **Márkus**, Tata
Reformed Church in Hungary

Bishop (retd) Árpád **Mózes**, Cluj-Bulevardul
Synodal-Presbyterial Ev. Church of the A. C. in Romania

Superintendent Helmut **Nausner**, Vienna
United Methodist Church in Austria

Prof. (retd) Dr Wilhelm **Neuser**, Ostbevern
University of Munster – Reformed Theology

Prof. Dr Peder **Nørgard-Højen**, Nivaa
Evangelical Lutheran Church of Denmark

Pastor Lothar **Pöll**, Linz
United Methodist Church in Austria

KR Thomas **Prieto Peral**, Munich
(Coordinator since 2000)
Evangelical Lutheran Church in Bavaria

Pastor (retd) Dr Paul-Gerhard **Schullerus**, Judetul-Sibiu
Evangelical Church of the A. C. in Romania

Prof. Dr Zdenék **Sázava**, Prague
Hussite Faculty of Divinity

Bishop Dr Ján **Valent**, Novi Sad
Slovak Evang. Christian Church of the A. C. in Yugoslavia

Bishop Vladislav **Volný**, Ceský Tesin
Silesian Evangelical Church of the A. C.

Präses Hartmut **Wenzel**, Nuremberg
Evang. Ref. Church in Bavaria and Northwestern Germany

Prof. Dr Eberhard **Winkler**, Gutenberg
University of Halle – Protestant Theology

Prof. Dr Theo **Witvliet**, Naarden
Netherlands Reformed Church (NHK)

OKR (retd) Dr Helmut **Zeddies**, Berlin
Evangelical Church in Germany